国家出版基金项目
NATIONAL PUBLICATION FOUNDATION

北流亡文学史料与研究丛书·史料卷

我这个人
——塞克回忆录

塞克 著

北方联合出版传媒（集团）股份有限公司
春风文艺出版社
·沈阳·

主　编　张福贵
史料卷主编　李霁明

图书在版编目（CIP）数据

我这个人：塞克回忆录 / 塞克著 . —沈阳：春风文艺出版社，2020.6（2022.2重印）
（东北流亡文学史料与研究丛书）
ISBN 978 - 7 - 5313 - 5806 - 0

Ⅰ . ①我… Ⅱ. ①塞… Ⅲ . ①塞克（1906—1988）—回忆录 Ⅳ . ①K825.78

中国版本图书馆CIP数据核字（2020）第099541号

北方联合出版传媒（集团）股份有限公司
春风文艺出版社出版发行
http://www.chunfengwenyi.com
沈阳市和平区十一纬路25号　邮编：110003
永清县晔盛亚胶印有限公司印刷

责任编辑：姚宏越　刘 维	责任校对：于文慧
封面设计：马寄萍	幅面尺寸：155mm × 230mm
字　　数：155千字	印　　张：11
版　　次：2020年6月第1版	印　　次：2022年2月第2次
书　　号：ISBN 978-7-5313-5806-0	
定　　价：48.00元	

版权专有　侵权必究　举报电话：024-23284391
如有质量问题，请拨打电话：024-23284384

目 录

我这个人 ·· 001
忆南国社的几次演出 ································· 091
我和冼星海 ·· 100
忆小友——剑啸 ·· 102
哈尔滨忆旧 ·· 105
我是没有离开过艺术的人 ···························· 108
时代的歌手 ····························· 周而复 114
革命文艺的先驱 ······················· 晏 甬 133
遗憾与哀思 ····························· 戴碧湘 140
塞克年表 ··· 145

我这个人[1]

我想先说说我的历史特点和思想特点。在历史特点方面，我有许多与一般人不同的地方，这些特点都是我处的时代、生活环境等原因造成的。比如我小的时候正是"五四"时代，受这个影响很大，反映到我身上就是争取个人解放，反对封建。我念高小的时候，放学回家后，为婚姻的问题争吵不休，我父亲知道了这件事以后，他就叫我脱下身上的棉衣到街上去跪着。这事在我心里种下很深的仇恨，父子之间有了不可调和的矛盾。这是我离家后和家里断绝关系的根本原因。因为离家以前自己已经周密地考虑过怎样生活，怎样学习，要走什么道路，样样都考虑过了，所以离家之后，再没有回头的余地。是生是死，是好是坏，全凭自己去走了。

我开始走入社会，正是苏联十月革命胜利不久，中国处于大革命的前夜。那时的进步刊物都大量介绍马列主义的理论文章。我编哈尔滨《晨光报》文艺副刊时，有个叫苏子元的给我不少这方面的文章，我也初步懂得了一些革命道理，心里赞成反帝反封建，自己一心向往的是学习文艺，也不懂文艺与革命的关系。

在多年的流浪生活中，我走的地区多，生活变动大，没有固定的社会关系，更没有亲属，再加上战争影响，每离开一个地区，就完全

---

[1] 塞克的这篇自述是根据他生前的录音和遗留下来的手迹材料整理出来的。标题是编者加的。

隔离开了，一隔开就是十年二十年，这也是我的历史上的一个特点。

我对待生活的态度，不论搞什么职业，从没有把职业当成生活的目的，只把它当作生活的手段。因此，对待职业问题，我是很不考虑的，遇上什么做什么，我的真正目的是如何在艺术上取得成就。

一

我1906年农历六月初六出生，河北省霸县（今霸州市）人。家住霸县县城南五里后卜庄一个只有几十户人家的小村子，离大清河有十来里地远，周围是一片平原，少山缺水，我家住的是泥土平房。我父亲叫陈绪堂，识几个字，在北京学过手艺，回到村里就成了一个很了不起的人物。还当过七八十户人家的村长，装得像很有学问的样子，但是，一点儿新思想也没有，做事特别封建。我离开家的时候，他不到四十岁，他的脾气也很拧就是了。我在小学念书，在县里念到高小毕业，那时高小毕业就等于是个秀才了。

我祖父喜欢喝酒，有时也灌我。喝醉了就发脾气、闹，我父亲就劝他，说喝酒不好。他从此就不喝了。以后，来了客人我父亲陪着喝酒，祖父就不在家里，自己到庙台上坐着去。

有一次，祖父带着我拔麦子去，干的时间长了，我嫌累，累得腰疼，我就哭了，那时就十来岁。他就说："你不干就不干吧，你不干有你爹养活你，我不干就没有饭吃。"他很能干，五十八岁死的。他有三个儿子，我父亲是老大。祖父的名字记不得了，也没有人叫过他的名字。父亲三兄弟都是农民，分家时一家分了四亩地。我的妹妹叫小翠，比我小五岁。

我们老家是河北省文安县，老人讲话是安徽口音。爷爷那一辈从文安县搬到霸县，祖坟都在文安县大清河边。霸县和文安县隔一条大清河。我念过几年私塾，那几年有些很有意思的事情：一个是写字，一个是珠算。最初我都学得很好，很用心。写字我很喜欢赵体，自己有一本赵孟頫字帖。但是，我父亲却反对我写赵体，把字帖给撕了，他给我买了一本欧体字帖，说是欧体有劲。从他给我撕了字帖之后，我就不再写毛笔字了，要不，我现在的字写得那么坏！珠算，我很用心学过，有一次为学珠算我跟父亲吵架，从那之后，我就再不练珠算了。

我有个舅舅，小的时候曾跟我讲过一件义和团的故事：他从小练武术，他的武器是把匕首。县里派人去抓他，他就把红木烟袋杆在腿上一折两截，双手拿着当匕首，没有抓着他。听说他是因为杀了一个县里的什么人，把杀死的那个人扔到河里头了。舅舅哥儿俩，弟弟也练武术。夜里回家不叫门，拿着红缨枪一触地就跳过院墙。我记得他家墙上挂着大刀片。到了冬天，老头子领着年轻人就在庙前练武。舅舅的手法非常准，在大清河里叉鱼，一截竹竿头上安上铁尖，后面拴上很长的绳子，在河边离老远看见鱼，唰的一下抛出去，就把一条大鱼叉上来了。我那时只有七八岁，在私塾念书，他叉鱼，我就用柳条穿上，拎着一串鱼跟着他。说起叉鱼，我又想起了一件事情：有一天我打家雀，在苇塘里我看到一条白鳝，我不认识，以为是"长虫"，吓得我直喊："长虫！长虫！"一个农民闻声过来了，他用两个指头捏着拎走了。

我这个人要怎样就得怎样，谁说也不行。有一年夏天，我们家里盖房子。吃了午饭，帮工的人都坐在外面玩。另外有一个跟我一般大的小孩，大人们就说："你跟他摔一跤，你摔不过他。"我心想："我怎么摔不过他？不行，得摔。"一摔就把我摔倒了。我说："这不算，再来一次。"结果我又被摔倒了。这回没脸再起来了，就趴在地上哭哇，哭哇，怎么也不起来了。有人就把我抱到家里去了，可是待了一会儿又跑出来了，我还找到那个地方，我还照样趴在那儿，头还冲原来的方向，趴在那儿就是哭，谁劝也劝不好。我舅舅过来了，抱起我就往家里走，我把他的衬衣都给撕了，一边哭一边闹着撕他的衣服。有人说："他还得回来。"果不其然，我又回去了。可是人家这回早有准备了，他们把四个泥绷子蘸上水就铺在那儿了（泥绷子是一块布拴四个角，当地农民用来提泥的）。我哭着来到这儿一看，躺不下了，怎么办？我就绕着圈转，就那么转圈哭。

我父亲很顽固，经常打我，还叫校长打我。有一次，他让我给校长带去一封信，我当时还很得意呢，其实那封信是让校长打我。后来，我和母亲到文安县的姥姥家里去，到那儿，我就不回家了。母亲不能总住在娘家，住几天她就回去了，我就留下不走。家里一来人我就躲出去，饿着肚子躲在外面，几次都这样。一次，我爷爷来了，我又一天不回来，跟着一个拿火药枪的人打鸟去了。到了黑天，我回家进屋一看，哎呀，老头子坐在炕上呢，这回可糟糕了！老头子让我回家，我说："不回家。"爷爷问："为什么不回家？"我说："他（指我父亲）总打我嘛。你要答应我的条件，我就回家。"爷爷问："你都有什么条件？"我说："不念书，不认字了，这是头一条；第二条不许他打我；第三条不管他叫爸爸；第四条不许他到屋子里睡觉。"爷爷说："这怎么办呢？你叫他到哪里睡去？"我说："家里不是养了一条大黄狗吗？叫他到狗窝里去睡。"爷爷听了哈哈大笑，他都答应了我。他说："行啊，不念书了，不写字了，行，咱们都能做得。不许他打你，他再打你我就打他。"他笑笑又说："不管他叫爸爸了。"

到家后，前面两条实现了，后面两条不好办，特别是不让他进屋睡觉就实现不了。我见他在屋里睡觉就哭开了，谁也哄不好。我问："他为什么到屋里睡觉？我非叫他到狗窝里睡不可！"这不好办哪！从前吃饭，我趴在桌子上就吃。从那以后，我才不先上桌子呢，我一看他就讨厌，我先上桌子他挨着我坐怎么办？我就不好再躲了。我后上桌子，我看他坐这边，我就坐那边；他坐那边，我就坐这边。有时候，爷爷故意说："吃饭了，叫你爸爸去！"从那以后，我出门就不再喊他了，我就挨家找，找到了他，我就说："叫你吃饭去呢。"那时，我只有七八岁，是在念私塾的时候。

我念小学的时候，拿着两个玉米面大饼子和几片咸菜，到离家四五里地远的县城上学。头几年，功课很好，总是头一、二名，没出过三名，到毕业考试时，答卷就用铅笔抹一抹，不在乎名次了。霸县县城有明朝修建的城墙、城门，我在小学念书的时候，常爬到城墙上去玩。城墙是斜坡修上去的。老师也常带我们到城墙上去给我们讲五四运动。这位老师我只知道他姓郝，他对我们很有影响。我读私塾的老师就是他的长辈。郝老师在北京读书时，参加过五四运动。我到哈尔滨后，家里托他给我写过信，我没回信。

二

在第一次直奉战争后的第二年，可能是1923年春天，吴佩孚在郑州镇压工人罢工。就在那年，我去哈尔滨投奔姓李的一位乡亲。以找职业闯关东（为借口）骗取了父亲（的信任），家里给我二十块大洋做盘缠，我背着小行李卷，沿河边走去，边走边作诗。两天走到天津，住在一家小旅店。在临上去哈尔滨的火车前吃的焖酥鱼，真是香啊！到哈尔滨就没钱了。我原是买的联运票，到了长春又加快，这就分文皆无了。在火车上就抽烟，没吃没喝。到了哈尔滨，我就叫了辆车找到了姓李的乡亲。他的朋友在道外头道街开小店，当时叫半面街。西半面当时都是荒地，桥洞没修，我就住在小店里。最初很想家，也很想我的妹妹小翠，这时家里老来信。我想家，还想得很厉害，怎么办呢？我是一封信不回。家里又让我的祖母给我写信，牵动你的感情嘛。后来，来信我也不看就撕掉了，怕被感情征服，用一种人为的方法强制自己。有一封信是叫我的老师给我写的，信中说他在路上走，总有一人跟着他，跟着他的那个人就是我的父亲。后来，我的父亲就求他给我写信。那个老师就是前面说的郝老师，他是教我们文学的，他的思想很进步。那正是五四运动，个性解放的时候，我们在思想上受他的影响很大。他在信上说，有一次我祖母听说我回来了，她听错了，跑出去不慎把腿摔断了。

那时，白天晚上脑子没闲着过，总是在考虑诗。我当警察，后来请假是很不容易请准的。我在去哈尔滨《晨光报》前考取了警察训练所。那时人们封建道德观念很强，我就编个理由，说到哈尔滨后，母亲死在哈尔滨，她的灵仍在哈尔滨。现在有一个同乡要回家，他愿意帮助我把母亲的灵迁回去，这个机会不能失。这一套非常投合他们的封建头脑。中东铁路特区警察处长文应兴说我是"孝子"，准假时他很佩服我的"忠孝"，其实是见鬼呢！我当警察是姓李的同乡出主意，让我投考警察训练所的。为了找职业糊口生活嘛，当警察约一年。地址在哈尔滨南岗大直街，所长是张焕相。他后来做了东北特区司令长官。

我在哈尔滨当警察站岗，一站五六个钟头，在岗上我就作诗，下霰子打在衣服上，等下岗回家，衣服变成白色，脱下的衣服都立着，冬天很冷啊！我请准假出来在小店住了几天后就到《晨光报》去了。在去《晨光报》前，因为我常给他们写文章，就是有这么个关系我才到《晨光报》去的。

在《晨光报》的生活很特别。每天编报、校对都是通宵，到天亮还不睡觉。工作完了，我就拿一本书到公园，躺在椅子上读诗，到十点多钟回家吃饭。我住在道外十四道街姚席九的房子。那条街有牌坊，十四道街口有个小饭馆，卖牛肉蒸饺，做得非常好，咬开后里面一包汤，两毛现洋就吃饱了。有一次，我和金剑啸在那儿吃牛肉蒸饺，他还吃蒜瓣儿。那次的印象总是那么新鲜，老也忘不了。那时他就跟《晨光报》有关系了，我们很早就熟了。这个时期，我常常夹着一本泰戈尔的诗，到太阳岛沙滩上读，读完了就睡着了。茅盾在国共分裂后写的《幻灭》，凡新出版的如鲁迅的《彷徨》《呐喊》《狂人日记》都是那时读的。在《晨光报》那几年读书较多，打下了文学基础。

《晨光报》当时有袁弱水、芮道一。芮是日本留学生，和田汉在日本早稻田大学是同学。1927年第一次我去上海是芮写了信叫我找田汉的。芮是老同盟会员，国民党的老资格，是山西人，和南汉宸是很老的朋友了，也是个"怪人"。他在山西太原找了一个很漂亮的女人结了婚。他在哈尔滨时，他的这个老婆还在太原，跟一个北伐时期的国民党特务认识，后来生了孩子。她曾为此特意去了一趟哈尔滨，目的是使孩子合法化。芮知道孩子不是他的，伤心透了。他说："不就是因为我老婆漂亮吗？现在我找个最丑的、没人要的女人。"于是，在哈尔滨又结了婚。"九一八"后他跑到山里联络土匪，说服土匪下山。在省教育厅当过特区督学。光复后，在沈阳编国民党的《扫荡报》，解放沈阳时被我方俘获。

那时，在道外滨江县（今属哈尔滨市道外区）的一个督学，他结婚时熟人都去祝贺。我认为，结婚就是你们两个人的事，去那么多人看什么？朋友有意思就送点儿什么，不送就拉倒。一次，我去他家玩，见屋里还坐一个女人，我也不招呼，装作看不见，玩一会儿就走了。现在，我家来了生人，不给介绍，是有点儿不近人情。这个影响是从韩乐然、苏子元那里来的。他们做党的地下工作，不轻易跟生人接触。那时，韩乐然、苏子元常到报馆来，郭涛光、于浣非也常来。抗战后在武汉救亡演剧一队，我碰到过郭涛光、于浣非，他俩还到旅馆来找过我。这两个人常给《晨光报》写稿，思想进步。于浣非当时是左派，开过医院，后来跟国民党有点儿什么关系。当时他们对我都很羡慕，能参加抗战宣传，无牵无挂的，而他们孩子老婆一大堆，拖累得很。这是我最后一次见到于浣非，不知于现在何处。据我以后在武汉见到廖沫沙，廖说："自那天我在街上碰到了于浣非，他跟爱人在武汉见了一面后，他爱人就死了。"郭涛光病死在热河。傅天飞是韩乐然的学生，韩乐然很喜欢他，走到哪儿都带着他。当时傅天飞只有十几岁，那时他还在上学。抗日后，这些人都是很积极的。韩乐然当时住在南岗的扶育小学，这个人很好。道外有个孙乐天开照相馆，韩刚到哈尔滨没有工作，就住在他那里，帮他修版。我去上海时，韩乐然还给我写了信，叫我去找吴天。吴是美国留学生，住上海霞飞路。我去找过他，没给我什么帮助，以后也没见他有什么作为。

当时苏子元剃了个光头，胖胖的小矮个子，神神道道的，嘴里老嘀咕。他是哈尔滨道外青年会的干事，从奉天（沈阳）调来的。他没到哈尔滨就给《晨光报》写稿。当时在奉天还有几个人跟苏子元一道给我寄稿的。以后我在上海《申报》上见到他们和几个人被捕的消息。现在记不起那几个人的名字了。

《晨光报》的赵惜梦住南岗。我编《晨光报》副刊是接他的。有一天，我到他家去串门，进屋见他们在打牌，心里想："真无聊，怎么打牌呀！"我把牌桌子给搁了，弄得人家好下不来台。当然，他们知道我是个"怪人"，也就不理会我。但我从那以后再不登他的家门了。后来，常提起此事，一说大家就笑。我当时真是觉得无聊透了。可是后来我也打牌了，怎么回事呢？在延安中央党校学习，吃完了晚饭大家喜欢打牌、打扑克，我是在延安党校学会打牌的。不同的是，赵惜梦打牌是赌输赢的。

《晨光报》是一个很进步的私人办的白话报纸，开始进步，主编张树屏，当时的行为表现好像是个共产党员。他住在三十六棚，在三十六棚当过俄文翻译，跟工人运动很接近。东北反筑路运动、五卅运动、哈尔滨学生运动，他在《晨光报》上反映得很激烈。从这些反映上看，他的倾向很明显，不像无党派人士。但是，国共分裂后，他去了上海一趟，看了当时的形势很失望。他从南方回来，有很多日子在屋子里唉声叹气地不说话，很消沉。他最初同情革命，大革命前，跟党的关系很近，最后转了个大弯子，向右转了。张树屏这个人在"九一八"后，日本人进了哈尔滨，他就投敌做汉奸了。为敌人编报，成了汉奸报了，后来当了伪县长，东北解放时做了俘虏。1948年我在辽北学院时，是在四平接到过他一封信。信中说："你现在一切很好，是革命的，而我却成了阶下囚了。"对前途充满了失望。我当即回了他一封信，这封信救了他。我在信中说："来信收到了，感到你的情绪甚是低落，解放了，应该高兴嘛！"长春的公安局长是我延安中央党校的同学，我让张树屏持我的信去找他，我对他说，不管你做了什么事都跟他谈，谈得越彻底越好，不会有亏吃的。他就拿我的信找他去了。后来"镇压反革命"时都没动他。这封信真的救了他。"文革"之后，他在青艺的女儿说，他在农村靠打草绳子维持生活。粉碎"四人帮"后，在平反冤假错案工作中，有的重大专案组找他写证明材料，他如实地写了，写得很好。因为他生活困难，政府还给了他一千元钱，他不要，过了不久他就死了。这个人还好，临死之前做了一件好事情。

于森也是要去苏联的人。他们都与《晨光报》有关系。于森的照片我见过，他第一次去苏联走到黑龙江边被逮捕了，军阀要枪毙他，棺材都预备了，没毙了。他说："这一次死也只有死了。但是，我还是要去苏联。"他在苏联清党中受过电刑。后来此人就无消息了。

晨光报社社长于芳洲是无党派。于的妹妹嫁给了张树屏。他们最早是给《哈尔滨商报》帮忙，后来从《商报》分出来办的《晨光报》。

1924年我进入《晨光报》任副刊《江边》[①]主编，编副刊的还有一个叫范星火，抗战后在河南见过他一次。《晨光报》副刊《江边》，我去之前就有了。这名字没什么来历。在编这个副刊时期，我认识了

---

① 《晨光报》副刊1924年前名为《光之波动》，1925年改为《江边》，版面扩大，增加了《妇女》《社会》等栏目。

苏子元、韩乐然两位地下党员，由他俩提供稿件，曾先后在我编的副刊上发表过瞿秋白、萧楚女等人的文章。这些文章也都是从南方通讯中转载的。萧楚女是广州农民讲习所的，从小就跟着毛主席，毛主席很喜欢他。他是黄鹤楼的一个茶房，没进过学校的，居然写得那么好的文章，后来在农民讲习所当教员，不得了哇！

1926年，北伐军进驻武汉时，我因发表一篇欢迎北伐军的文章，《国际协报》把这篇文章用红笔圈上，送到了警察厅，我们就遭到警察的逮捕。当时的五卅运动、反筑路运动，游行声势很大，道外正阳街都挤满了人。《晨光报》都发表文章，大声疾呼支持学生这一斗争。学生运动中扛大旗的叫高寿天，他是党员，是哈尔滨医科大学第一期的学生，学牙科专业的，和于浣非是同期的学生。我的那把吉他就是高寿天经任白鸥送给我的。《晨光报》曾整版发表学生运动的照片，因此警察厅长期对《晨光报》恨之入骨，高其栋[①]要搞我们，我们是他的对头。他们决心想搞掉《晨光报》，他们把我当成了共产党员。因为《晨光报》总经理于芳洲、主编张树屏都是道尹公署一科科长的学生，我们被逮捕后，一科长又运动了道尹蔡运生，由他出面营救。蔡亲赴奉天督军署，亲持证件向哈尔滨交涉，我们被拘留了三个月才获释出狱。我家现在还有一把泥壶，和这件事有点儿关系。这把泥壶就是高其栋的。这是西泠八家之一的陈曼生做的泥壶，他做泥壶非常有名。大概是送给一个妓女的吧，造型是乳形的。壶肚一面镌有"春雷香胸襟豁，望梅兮止渴。曼生"，另一面镌有"戊辰秋逸然轩主人"。壶盖里面镌有"莲记"两字，壶底四个字是"金莲提制"。高其栋放我出来的那天晚上，他就拿着这把壶一边喝着茶一边给我们讲话。东北光复后，我在哈尔滨小市上见到就买来了，留到现在。陈曼生当过县官，是清朝嘉庆年间人。

---

① 高其栋是当时滨江县警察局局长。

三

《晨光报》停刊了，出狱后我也就失业了，于1927年8月经青岛赴上海。路费是在《晨光报》时的薪水，那时薪水不按月拿。我手里攒了几个钱够去上海的路费。我从哈尔滨起身穿棉袍，走到青岛脱下棉袍，到了上海过夏，一路上过了三个季节。我是从大连上船，乘"华山丸"去青岛。我的一个旅伴是做"帽子生意"的，同坐三等舱。等船一过青岛，他说："我不是商人，我是装扮商人的。"闹了半天他装扮成商人做什么也没跟我讲。我到上海时，国共刚分裂，那很恐怖哇！找人都不敢见，找人就说"不在"。你跟询问的人谈话时，其他人就在旁边听着。我去找商务印书馆的人就是这样的。那时的上海看见穿列宁装的人就杀，在马路上看见就杀，是什么也不问的，这情况当时我是不知道。我刚到上海就穿着列宁装的，衣服上缀有镰刀、斧头的扣子，我还在街上大摇大摆地闲逛呢！真是危险哪！

田汉是国共分裂后，从南京跑到上海来的。我考上海艺术大学连吃饭都没有钱，还上艺术大学！我跟田汉见面时流露出我很穷，刚从监狱里出来，没有钱交学费，连吃饭钱都没有，田汉说："现在还有这样的青年？"他感到我很特别，说我是个"怪人"，所以他才收我。我一到上海住在青年会，因为上海青年会有一个干事去过哈尔滨，我在哈尔滨青年会跟他见过面，所以到了上海就去找他，这个人的名字我不记得了。我找他时他说："咱们是一面之交。"我住在那里。开始我给青年会画招贴画，画了几天我就离开了。我考入上海艺术大学，学习美术与文学。同年冬季，学校组织的游艺会，不知怎么田先生排戏时就把我添上了，要我演戏我就演吧，这是我第一次演戏。因为游艺会演出的既有文明戏（话剧），又有京剧，故由田汉先生取名曰"鱼龙会"。我在菊池宽著的日本著名话剧《父归》中演父亲。演出在学校引起了很大轰动，看戏的有郭沫若、徐悲鸿、郁达夫、陆小曼、万籁天等。参加"鱼龙会"演出的还有欧阳予倩（饰潘金莲）与周信芳（饰武松）、高百岁（饰西门庆）合演的《潘金莲》，都是文艺界的大家伙，南国社就是从此开始的。我的舞台生涯也是从此开始的。说来奇怪，当时戏剧系的学生倒没有一个参加演出的，而我这个学美术的学生却成为红极一时的话剧名演员了。我也万万没有想到我会演戏，票价卖一块钱一张票，很贵的呀！那次演出成为话剧史上一个很奇特的故事，那是开头嘛！看戏的只有一个人是外面的拿票来看戏的，那张票也绝不是他买的。那个人像个大师傅，穿着一身油垢的衣服，这个人看了《父归》哭着走的。徐志摩还写了一篇文章，赞赏演出获得成功。文章中写道："一个穿油垢衣服的观众，看了《父归》，他那油垢的衣服又沾满了泪水。"这篇文章发表在1927年秋冬间的上海《申报》上。戏演了一半，田汉从屋子里冲了出来，很惊讶地看了演出。《人民戏剧》上曾发表过一篇材料说，田汉很惊讶，绝没有想到，他说："……扮父亲的陈凝秋君的成功尤可记录，恐怕自有菊池此剧以来，即在日本演父亲的亦无有过凝秋者。"我呢，本来不是学戏剧的，我是学文学和美术的，我在哈尔滨就跟俄国人斯切潘诺夫学画，这个人住在南岗礼拜堂东边的一个大楼上。认识他是韩乐然给我介绍的，他跟我学中文，我跟他学画——学西洋画。我学画时曾画过一幅画，画面上是一个长着翅膀的心，心上穿着一支箭，心也飞着，一边滴着血，底下是波浪滔天的大海。这幅画的名字叫《追寻》。我的第一部诗集便由此得名，是我这个时期为追求人生的真谛的一种反映。白俄画家、我的老师伊万诺夫看了很满意，说很有想象。我记得有一天，我去秋林附近这位老师家学习俄文，在回来路过南岗的时候已是夜里了，一个俄国乞丐在那里拉琴，天下着很大的雪，我站在那里听了很久很久，路上行人稀少，很宁静，我即兴写了一首诗，我把仅有的两角钱给了他，他还给我立正，他给我留下的印象久久不能忘却。在上海艺术大学我也是学画的，也不知怎么弄的，叫我演戏，我也不知道我能演戏。在《父归》中左明演大儿子，陈白尘演二儿子，唐叔明演女儿，周存贤（四川人）演母亲，我演父亲。这个戏的剧情是：一个父亲有一大堆孩子，他对孩子不负责任、不教育。他在外面胡闹，做生意，搞马戏班子，多年后落魄归来，他的二儿子就理直气壮地说："我们的成长全凭自己的努力，拼死拼活地干才成长起来的。你，做父亲的一点儿责任都不负。"后来，父亲又离家出走了。

我演父亲，因为我有这样一段经历。我从家乡出来到哈尔滨《晨光报》做了编辑之后，我父亲到哈尔滨找我，我正在南岗画画，都没让他进我的屋。我跟他谈了许多关于哈尔滨学生运动和高其栋的事，他越觉得儿子大逆不道，反叛了。我们俩从道外走到许公路，就是现在的东北烈士馆附近，我说："我往这边走了。"他说："你回家吧！"我说："我不回去。"就这样把父亲撂在马路上了，他怎么回去的我也不知道。我为什么对父亲这样无情呢？因为小的时候闹得很绝。我很小他们就给定了亲，把我的表妹许配给我，她比我小一岁，我见过一次面，没有印象，听说长得不怎么样。我听到这件事，很不高兴。从此，我每天放了学，就跑到离学校不远的一片大坟地去躺着。每天每天都这样，直到天黑才回家。我就想怎样对待他们，怎样离开家，离开家之后我怎么办，怎么学习，一辈子的事情我都想到了。有一个多月的时间就是这样度过的，回家就跟他们吵。那是一个冬天，我一进屋，父亲让我脱掉棉衣，只穿一件小裤衩，父亲说："你到街上跪着去！"我就在街上跪了几个钟头。那时我就想了，我要离开家。父子应该说是人际关系中最亲密的吧，但是遇到矛盾的时候，触动了最顽固的封建礼教尊严的时候，还是你是你，他是他。这是极深的教育。

我离开家乡以后，跟任何朋友不谈家里的事，我在北方就说我是南方人，在南方就说是北方人，不认乡亲，我很讨厌乡亲拉帮结伙。

为什么田汉对我那么感兴趣？就是因为我有这样的经历，再加上我刚从哈尔滨监狱出来不久就来到上海。有这样的经历，演《父归》时的感情就不得了啦，就像决了口子一样，要说演剧技术我没有，我没有学过戏剧嘛！就是生活整个突出出来了。因为有这样的背景，所以演得那么成功。徐志摩的文章说："只有一个观众哭着走的。"我就演过一个观众的戏。那时的精神真是特别，不怕一个人没有，一沾艺术的边就很严肃。日本著名作家芥川龙之介、武者小路实笃看了演出之后，芥川说："在日本从来没有人演得这样好。"这个戏演了四十多分钟，陆小曼就哭了四十多分钟。戏散后，她跑到田汉的办公室又哭起来了。哎呀，她简直哭哇哭得没治了，那不是看戏，不知怎么触动她的感情了。

演出是在一个礼堂里，舞台口比一间房子宽一点儿，幕布是用被面拉上的。那时，什么也没有，所以在话剧史上是一次极特别的演出，成为永久的笑话，有名的笑话！我演过《父归》之后，唐槐秋、顾梦鹤他们就模仿着背我的台词，赵丹是不知道这一次演出的。

1928年南国艺术学院放春假去旅行，去玩，到了杭州才想到演戏。田汉先生说："哎，我们演演戏好不好哇？"大家表示同意，现让田洪回上海取东西。我们当时住在李公祠。一天晚上，他们正在讲鬼的故事，讲得正起劲的时候，我推门进去了，以为真有什么怪东西跑进来了，把有的女同学吓得要死，原来是一场误会。田先生根据这些就编写了《湖上的悲剧》。他是在西湖上的一只游船上开始写的这个戏。天下着雨，田先生写着写着就说想喝点儿酒，就凑钱买酒，又没钱买下酒菜，就先买了两瓶酒。好，两瓶酒喝完了，还想喝，可是没钱了怎么办？拿瓶子去换，小资产阶级爱面子，自己不好意思去，就请船夫去换。田先生写《湖上的悲剧》没有打草稿，就直接刻在蜡版上，刻好了就印刷，印好了马上就排。田先生真是少有的快手哇！几天就写出来了，边排边修改。实际上，这个剧本最后是集体创作，它集中了大家的智慧。南国艺术学院从这就开始演戏了。

我在1927年到1928年，在上海艺大学习时，常给太阳社写诗，署名陈凝秋，太阳社刚创立，我就给他们写诗，给他们写了很多诗。我的长诗《追寻》就是在这里发表的。其后，泰东书局以同名出版了单行本诗集。那时潘梓年在上海霞飞路办了一个潮山书店，出个刊物叫《潮山》（半月刊），也为它写过诗。我还见过潘梓年一面，给他写的诗有一首是《一朵小花》，意思我还记得：

> 我是春风带来的一粒种子，
> 被丢在阴幽的坟地，
> 我悄悄地生长，
> 我悄悄地开花……

总是没有人知道，没有人注意的一个小小的生命。这些东西是很伤感的。

当时我住在吕霞光家里，他家就在上海艺大对面。他是个阔少爷，学画画的。我住在他家地板上。他老是问我海陆丰彭湃的事，我不知道他是善意还是恶意，我便搪塞地说不知道。他说彭湃闹得很厉害。那时，主要是读了很多高尔基的作品，尤其是读了《我的童年》之后，在思想上受的影响最大。那是1928年冬，当时我的思想很苦恼，因为不能跟任何人商量，所以我第一次离开上海回哈尔滨，没有跟任何人闹翻，没跟田汉辞行就走了，这是很不通情理的。在田汉的脑子里一定产生了疑问，在他看来，我走是自由主义，恋爱问题。我向往十月革命的苏联，萌生了去苏联的念头。我到了哈尔滨，没地方住，任作田（基督徒）在道外办了一个"寄宿舍"，他帮助我住在青年会的寄宿舍。他在同记工厂做业余教育工作，跟武伯祥很接近。他把我介绍给武伯祥当秘书。当时的工作就是他讲他的经商经验，每周讲一次，由我整理，打算出一本书。我已经给他出了一本书。他讲我记，然后在文字上顺一顺。

我记得同记工厂在成立纪念会上，武伯祥叫我弄个戏，我排了一个罢工的戏。哎呀，看的人说："工厂成立嘛，看了罢工的戏，真丧气！"我排的戏可能是个法国的剧本，我记得同记工厂俱乐部的墙上挂着一个有一人多高的"劳工神圣"四个字的大匾额。武伯祥看了戏，没有发火，也是怕揭下这一层欺骗工人的面纱吧！

当时因为找不到去苏联的关系，又不能对人说，怎么找呢？有时间我就学俄文，学画画。后来，我在陕甘宁边区开参议会时，碰到一个同记工厂的工人，他跟我讲述了他去苏联的事，他的名字我记不得了。他就是同记工厂的地下党员，在同记工厂有党的组织，其实去苏联的关系就在眼前呢，可是我当时是不知道的。

任作田那时还不到五十岁，他是东北救亡总会的，开针灸所维持生活。他帮过我，有时还给我几块钱。新中国成立后，我在沈阳东北文联时，接到他死的讣告。我们是前后脚从延安出发到东北的，到了承德，他的气管炎病犯了，在承德跟部队分开去沈阳治病的，他家住北陵。

在哈尔滨待了几个月，因为没有去苏联的可能，于是于1929年1月我又回到上海。田汉写的《南归》，他是在读了我的长诗《追寻》以及听了我的经历之后，依据诗里的情绪创作的。那里不是有那么一句"黑的森林，白的雪山"吗？我怀念北方啊！我写《追寻》的主题歌，就是河北省霸县的背景。那时上学，有一个姓谢的十四五岁的小姑娘，她在城里读书，名字叫小婵，她的哥哥是我的同学。这个小姑娘在路上常常碰到，也没说过话，碰到就笑一笑，印象很深。为什么家里订婚我坚决反对呢？背景就是这个人，她在我的心中。《追寻》里有不少诗是怀念她的，《紫色的歌》中的第一首长诗也是写她的。哈尔滨当时有很多人会背，这感情真深入哇！可是我始终跟她连一句话也没说过，却默默地、偷偷地爱着。她个子不高，梳着一条长辫子，前边有刘海儿，有一对会说话的大眼睛。

　　《南归》的女主角是吴似鸿，其中有"吊破鞋"一场是很有名的，人们当笑话讲，说鞋破了扔了就得了，干吗还吊破鞋呢？我记得《吊破鞋》的诗句里有：

　　　　鞋呀你破了，
　　　　鞋呀你破了，
　　　　你同我住过冷酷的监狱，
　　　　你同我涉过万里重洋！
　　　　…………

　　写这首诗的那一天，我完全是落魄的，刮秋风，树叶子唰唰地响，这首诗很别致。《南归》的主题歌，就是前年（1979年秋）游香山时任震英同志背诵的：

　　　　模糊的村庄迎在面前，
　　　　礼拜堂的塔尖高耸昂然，
　　　　依稀辨得五年前的园柳，
　　　　屋顶上寂寞地飘起炊烟。

　　　　耕夫踏着暮色归来，
　　　　我伫立在伊的门前，
　　　　月儿在西山沉没，
　　　　我凝望蛋白的曙天。
　　　　…………

好像我离家三年小婵就嫁人了，不久她就死了。于是我就追到她的坟上去，坟旁一棵树，树低着头，坟旁有一条小河，河旁立着一个骷髅低着头，骷髅就是我。这就是初恋的印象，我写的是梦境，诗是很痴情的，很深沉哪！所以田汉读后认为写得好，也非常伤感。实际上说起来，赵丹说的什么"体验派"呀，是瞎起名字。我的戏一方面是从生活中来，诗的意境很浓，人还没有出场呢，情感的气氛充满了剧场，是这样成功的。我在哈尔滨就写诗，我的表演有人说很特别，没别的，就是诗和画的结合。诗即情感，画即造型。我演戏都是我生活经历中的概括，以生活为依据那样创造出来的，当然别人无法学到，而且当然是特别的。赵丹在他的《地狱之门》里说了那么多，都没有说到要害处。我的这个经验从来没跟别人谈过，为什么我的演出风格是那样子呢？就是这么来的。

赵丹说我演的《雪的皇冠》演得那么神气，我没有什么印象了，他那是在做文章编小说吧。也许反映到他脑子里就是那样子，但他是不知道怎么来的，其实那就是诗嘛，那是我用诗的想象啊！现在有的演员，你讲这些他都听不懂啊！怎么，诗会渗透到戏里，渗透到表演里去呢？我创造每个角色的情感、造型，都是从这里来的。所以，今天的演员，他不在诗上、文学上用功夫，哪里能演好戏呢？要不然有人说，我身上有特别的东西呢！所谓特别，就特别在这点上。而且我的生活经历，从小到现在一路过来，想想看，谁受到过那个呀！上苏联去，为了这个念头，我去过两趟哈尔滨，但是我跟谁都不能谈，不能商量，田汉都不知道。等我从苏联回来，阳翰笙说："这个家伙真了不起！他就那么走去了！"他很吃惊地说："追求真理，情愿牺牲一切，真是不得了呀！"但是在感情上窝了个对头弯，人家革命者到了苏联受欢迎，我到了苏联坐监狱，这怎么说呀！到了延安我还是不能跟任何人谈这件事。这种感情什么人能受得了哇！坐张作霖的监狱，坐国民党的监狱，也坐苏联的监狱。

新中国成立之后，我为什么不回家呢？因为找不到人了。霸县在抗战时期打得最残酷啊！至多回家能打听一些什么人哪一年死的消息，家人是无法找到的，所以也就不回家了。母亲在我九岁时死的。当时母亲死时我不知道哭，就以为她躺在那里睡觉一样，不知道死是怎么回事，人就躺在那里。母亲是得了产后症死的。

到晓庄师范演出，记得是个光着脚的农民致欢迎词，临时用木板搭的舞台，没有电灯，也没有汽灯，只是在台前点一排蜡烛做照明，唐槐秋打着打着就打到台下去了。那天下着雪，吃的用脸盆装的白菜猪肉。演着演着见一个持枪的农民下岗回来，演到半夜12点了，我们说太疲倦了，不能再演了，观众说："不行！我们不走。你们疲劳了你们就睡，我们在这儿等着。"没法，得接着演，我们演《南归》。我就是用演《南归》的手杖拍了一张照片。

1929年春天，田汉看到了我从哈尔滨带来的一幅水粉自画像，他对这幅自画头像很感兴趣，产生了演《莎乐美》的念头。他说："很像约翰的头。咱们演《莎乐美》好不好哇？你来演约翰。"后来找俞姗，她当时在国立音乐院学声乐，声音好，还有唱昆曲的基础。她演莎乐美这个角色是演得很成功的。没有俞姗是演不成《莎乐美》的。俞姗人很好，剧照登在《良友》上面。在戏里我骂莎乐美她们，后来把头割下来，放在盘子里，莎乐美就抱着盘子对这个头说："约翰，你再也不能骂我了吧！"《莎乐美》是田汉导演的，他躺在床上大声读《莎乐美》的台词，这是为了在排戏以前先体会体会每个角色的感情。《未完成的杰作》是英国人斯蒂芬·费利浦写的，孙师毅翻译（此人在电影资料馆做顾问，"文革"期间死了），是写达·芬奇画《最后的晚餐》。在画家的认识中，好人永远是好人，坏人永远是坏的。因此，他在意大利米兰教堂唱诗班里选了一个健美男子做耶稣的模特儿。等过了二十年之后，他又在监狱里选了一个判了死刑的最凶恶的囚犯做犹大的模特儿，结果这两个人是一个人，他的杰作也就永远完不成了，他的幻想破灭了。

唐槐秋演第六号犯人（万籁天也演过），这也是在南京演出的。那次还演出了《第五号病室》，是在民众教育馆演的，票价一元，不对号，谁去早谁坐在前面。何应钦以为能给他留前面的座位，可我们是谁也不给留，他带着警卫人员一大帮，只好站在后面看戏，国民党蒋梦麟教育长（陶行知拉他们去的）都去看了戏。

陶行知当时跟冯玉祥很接近，在他的屋子里挂满了冯玉祥的画，冯不会画，画的都是大兵画，画的什么洋车夫哇，还题诗呀，有诗有画，通通是外行画。因为第二天我们到燕子矶去，他就叫冯玉祥的师长开车送我们去玩。那个地方是一条小路通往矶头，像个翅膀一样伸到长江里头去。那个地方很险要，路牌子写着："死不得！""想一想！"就是人到那里就想死，就想跳崖。南国社这次赴南京演出《莎乐美》《南归》《未完成的杰作》等戏，我在《莎乐美》中演主角约翰，蔡楚生演犹太人，金焰演叙利亚少年，郑君里也参加了演出，演什么角色想不起来了。田汉在燕子矶给我们讲了个故事：那时正是讲个性解放、婚姻自主的时代，有一个师范的男学生爱上了一个女学生，因为男的未向女的做任何表示，女学生一点儿也不知道。有一天，他就到燕子矶跳进长江自杀了。在他身上发现了写给那个女生的遗书，就是因爱她而自杀的。这个女生也真痴情，她就到燕子矶小学去教书，她每天到矶上去凭吊，这是产生在北伐时期的一个故事。

第二天，陶行知陪同我们步行到城里，路上吃早点，吃的醪糟。我到哈尔滨还跟他通过信，陶行知在回信中还勉励我写诗歌。在上海，陶办上海工学团的时候，我还去看望过他，那时当局很反动，党派了人暗中保护他，晓庄师范后来被国民党查封，捕了几个人。抗日时陶在四川，他是留美的著名教育家。

还记得这么一件事情：田汉写了《孙中山之死》准备在南京演

出，国民党禁止，但不好说呀。那时的宣传部长戴季陶、副部长叶楚伧用请客名义请南国社，在宴会上讲："孙先生刚故去不久，跟孙先生一道的人都健在，如果演得不像反而不好。"这个戏的剧本用孙中山先生的原话骂国民党背叛孙中山的三民主义。田汉的倾向非常清楚，孙中山提倡联俄联共扶助农工，但蒋介石在孙先生死后实行的政策显然完全背离了三大政策，田汉先生把孙中山的演讲原话都用上了。洪深演孙中山，当时费了好大的劲找孙中山的唱片练习，这件事我记得很清楚的，这就触怒了南京当局。

那时，我们住在民众教育馆，打地铺，外面下大雪。演出后，我接到中山大学的学生来信，信中说，当时学校正准备期末考试，但很多学生还是来看戏了。看完戏跑步回学校，不知是怎么回去的，像喝醉酒似的。当时一个叫杨秀鹤的中山大学校花，她也参加了这次演出。说来也奇怪，我不知怎么一下子变成名演员了。这就是中国话剧的初期阶段。

就是那一次，我演《南归》唱歌，星海拉小提琴伴奏。在休息时，我俩到南京城墙上去玩，星海说："你写歌词，写了我给你谱曲。"这是我俩最早说起写歌的事。那时，他还没有去法国，是刚刚来到上海到南国社帮忙，不算南国社正式成员，他是一个没有工作的流浪青年。我俩还到秀山公园的一棵柳树下练《南归》的插曲，这是我最初跟星海认识与合作。这首歌是张恩袭（张曙）谱曲，他当时在上海艺大音乐系学习，在南国社田汉唱京戏"我好比笼中鸟……"就是张恩袭拉京胡的。他在抗战后，在广西桂林被敌机炸死了，他的大女儿也是那次被炸死的。

四

1929年夏，因为我不愿演《南归》，觉得哭哭啼啼的没有意思，我又多年向往十月革命后的苏联，一心要去苏联。我跟田汉先生发了脾气，才又离开了上海回哈尔滨的。那时左联还没有成立。当时，洪深和我的好朋友左明都劝阻挽留我，我的思想上是很锋利的，我要做一件事，就怕的是做不成，我要做的事情就非做到不可，这完全是性格决定的。记得当时的情景，南国社刚从外地演出归来，我提出不演《南归》了，这个戏是田汉先生写我的。他们答应了，但演出时又演这个戏，气得我转身就走，买好船票就回哈尔滨了。那天，那场《南归》是由左明"钻锅"替我演的，后来就停演了。

到了哈尔滨，我迫不及待地提着一把吉他，身上什么都没有就来到了满洲里。下车后，人家都找亲戚朋友，住旅店，我身上分文没有，到哪儿去呀？谁也不认识。我就茫然地坐在马路边的凳子上，什么也不想，也不知道愁，像看风景似的，饿着肚子坐在路边。正在这个时候，来了一个青年，他问："凝秋先生，您到哪里去呀？"我一看，他原是我在哈尔滨第六中学教书时的学生，中国父亲、俄国母亲的混血儿。他接着问我："什么时候来的呀？"我说："刚来呀！"他问我住在哪儿，我说："还没地方住。"他说："您到我家住吧！"这样，我就暂住在他家里，我才活下来了。但是，我想久住也不是办法，总得找点儿事做。有一天，他家那个看院子的老头死了，想找一个看院子的，我得知后便说："你们别找了，我给你们看院子，我也没有什么事。"我看门，早早就把门关上了。院子里有个开药铺的日本人，一次跟我说："你教我夫人学中文好不好？"我说："好哇！"这个日本人当时不了解我，对我产生了怀疑，不知我是从哪里来的。有一次，我在他家里吃饭，他问我是干什么的，我告诉他，我是哈尔滨《晨光报》的。这时，警察也对我这个来路不明的人注意了，差不多每天都来敲我的窗子。饥饿、失业一直缠绕着我。同院里还住着一个开百货商店的山东人，叫单才臣，他从海参崴做买卖回来，这个人很同情我。天冷了，屋子里没火，又没御寒衣裳，他就从铺子里拿来一件新大衣给我穿。

后来，我租了一间小平房，是个做皮货生意的苏联犹太人的房子。他很像中国人，黑头发、黑眼睛。我每天晚上不吃饭，只喝一杯茶，吃几片饼干。屋子里没有火，冷得要死，无奈，我每天都得在睡觉前耍一气哑铃，全身热了，才敢钻进被窝里睡觉，不然，会被冻死的。有一天没吃的，连饼干也没有了，屋子冷，睡也睡不着，肚子里没有食，咕噜噜直叫，外面又下着大雨，北国的秋雨可凉啊！平时，我一回到屋里就弹吉他，这一天，弹吉他也不行了，怎么也睡不着。外面不停地下着大雨，屋内只有我孤独一人。面对秋雨寒壁，在这孤寂的、空空荡荡的小屋里，我一肚子苦闷跟谁去倾诉哇！那是半夜里，快12点了，我像发疯似的就跑出去了。也不是去找谁，就是在屋子里待不住了，索性在路灯底下站着，哗哗的大雨浇着，无所适从，我是那样的茫然。正在这时，单才臣从这里经过，他惊异地问我："你干什么？"我说："不干什么。"他问我吃饭没有，我说："不吃了！"就好像跟谁赌气一样，也不找人借钱，这是一种感情发泄呀！他见状就说："不吃饭哪行啊，走！"就把我拉到一家小烟酒店里，给我买了面包、牛奶。吃饱了，我俩就各自回家；我又回到空荡荡的小屋，蒙上被子睡了。等我1933年最后一次回到上海，有一天，在上海跑马场那里看电影，刚走出电影院，碰见了单才臣。我说："好久不见了，到我那儿去吧。"他说："我还有点事，不去了。"就那样分手了。我真觉得奇怪，我与他也没有通过信，他怎么能来上海呢？

我每天像上班一样到火车站去，目送着穿越中苏国境线的国际列车。那时每周有两次，没有一次我不是迎送这趟列车的，真是心急如焚哪！想到为什么我就不能登上车前往苏联呢？车的影子消逝了，我很怅惘，很难受哇！怀着十分烦闷的心情，彷徨在林荫道上。

我每天背着画箱上街画画、写诗。但是，怎么写也转不过调来，老是那一套小资产阶级的情调。以后，我写一篇撕一篇，画一幅画也是充满了幻想的。我画过一幅三四尺高的大油画，画一个在全黑的背景下，好像从空中掉下来一样，一个膀子露在外头，胸也裸露一点儿，手里提着骷髅，标题是："我回来了，我没有带来任何东西，只有人世的悲哀！"我自己很满意这幅画，它很代表我当时的思想。这幅画叫《归来》，是1929年画的，曾在哈尔滨青年会挂过很久。

这些东西在满洲里期间，才在思想上逐步开始明确，把这些东西否定了，对自己来了一个全面大否定。我怎能不否定呢？连《紫色的歌》也否定了。

那时，我去苏联的思想越来越坚定了。我坚决要走此路，若走不通，我宁愿殉于此路。但是，目前还去不了。无奈，只好暂时回哈尔滨了。有一个叫陈继瀛的邮局局长，对我的困境寄予同情。在他的帮助下，搭邮车把我"邮回"哈尔滨的。途经海拉尔时，我下车住在一个工棚子里，吃了五分钱一斤的羊肉。当时我想背着吉他从这里往苏联走，走着走着，在山里看见一个人，便朝他跑去，不认识路，山上又无人，想问问路，那个人被惊愕地吓跑了。

就是在这一次，我要回哈尔滨正在收拾东西的时候，王洛宾来到了满洲里找我，他也要到苏联去。后来我在哈尔滨和王洛宾见面时，他说，那时他在满洲里，出了街碰上一个放羊的，他拉过放羊人的粪杈子，就往苏联境内跑，跑着跑着，遇见一个苏联红军，拿枪逼着他喊："回去！回去！"我和葛洛1956年赴苏联考察歌剧，途经满洲里时，曾去寻过当年的足迹。当年的人和房子都不见了。

苏联去不成，说什么也不能回南方，所以回到哈尔滨后，就坚决不离开哈尔滨。这一思想转变是一个极不容易、不寻常的过程。当时的思想是十分苦闷的，反映在创作上更是如此。特别苦恼的是无法摆脱旧的情调，当时虽也写诗、作画，自己看了这些陈旧的老调，气得我全部撕掉，从此搁笔，既不写也不看了。自己所追求的一条新的生活与创作道路无法走下去，在迷惘之中还一时不能理出个头绪来。那时左联尚未成立，文艺界很混乱。我常常一个人默默地在公园里漫步、静坐，在秋风落叶中想着一切，想到眼前的窘境和人生未来的道路。

在否定中试图闯出一条新路。1930年在哈尔滨时，根据《北归歌》中的意境，写话剧《北归》时就已开始否定自己了。在此剧中，一种新的思想已表现出来了。从1928年，我第一次回哈尔滨，这种思想就开始朦胧出现，后来越来越明确。《北归歌》中有这么几句：

> 在海的那边，
> 天是那样青，
> 那常年飘着雪的北国，
> 有企望着的眼睛，
> ⋯⋯⋯⋯

这首诗是1929年在吴淞口写的。有一天，我们到吴淞口去玩，游泳，有田汉、吴似鸿、别的人想不起来了，我写了《北归歌》。这首诗就是神经病啊！在空中有一双盼着我回去的眼睛，哈哈！天空就两只眼睛，这样的想象真怪！那天，吴似鸿还拍了一张照片，裙子被风吹得飘起。这张照片曾发表在《良友》上，作为赵元任《叫我如何不想她》歌曲的插图。

话剧《北归》中女主人公李玛丽唱道：

> 千尺流水百里长江，
> 烟波一片茫茫。
> 离情别意随波流去，
> 不知流到何方⋯⋯

随后，男主人公就唱"在海的那边"那首歌。《北归》的剧情是：流浪人到了北方，找他的爱人。后来，两个人的关系破裂了。临走时，男主人公说："我可以到工厂去，什么地方我都可以去，凡是有人的地方我都可以去。"这样，他就走了。这并不是出于落难，这是一个人在寻求人生的真谛。《北归》是两幕剧，《父归》《南归》都是独幕剧。《南归》的主题歌是写的梦境，那时的感情是很深刻、很浓重的。

回到哈尔滨后，我曾跟我的好友金剑啸倾吐了我对十月革命故乡——苏联的向往之情，立即唤起他在感情上的共鸣。从此，我俩便常去马家沟花园或道里公园，或散步或躺在草地上，秘密地研究去苏联的途径。我在闲谈中问他是不是党员，他不否认，也不做正面回答，但向我讲起了一个外号叫"鸽子姑娘"的梁白波在上海艺术大学介绍他加入CY（共产主义青年团）的事，好像他们曾恋爱过，在言谈中流露出对"鸽子姑娘"的无比怀念之情。这位痴情的画家，他当时的表情至今仍深深地印在我记忆的沟壑中。有一次，他像发现新大陆一般兴冲冲地对我说："我有个好朋友，他叫姜椿芳，他会帮助我们想办法去苏联的。"我听了以后，迫不及待地要他领我和姜椿芳见面。记得我们是在道里俄国公证人事务所见面的。此人戴着深度近视眼镜，性格文静，说话慢条斯理的，待人十分诚恳热情。见面后，觉得这人有些面熟，我的印象是在1929年上海大戏院普希金纪念会上曾见过他一面。因为我曾翻译过一些苏联歌曲参加了那次纪念会。大概就是那次会上见过他吧。

九一八事变的第二天，在道里公园一进门的椅子上，我跟金剑啸谈论当时时局的变化，他说："日本帝国主义来了，咱们怎么办？"我说："到苏联去！"为什么要到苏联去呢？当时主要考虑，抗日是肯定的，但是我们拿什么抗日呢？什么也不会。文的不行，武的也不行。要抗日总得搞武装斗争,拿这一衡量自己就感到不行,在那时,只有投到军阀队伍中去,如这样做,那不就是无谓地牺牲吗?这会有什么意思呢!我们考虑不能干那种事情。当时金剑啸也是这样认识的。

从那之后,我俩就常到马家沟花园里,躺在草地上谈论这些事情,准备如何走。我们谈得很多了,我也曾和舒群谈过要去苏联的事。舒群说他去过苏联,到过莫斯科。有一次剑啸说:"有一个机会:最近有一批湖南难民到边境绥芬河去,可以搭那个车,不用买车票。"于是我就张罗着去绥芬河。在这个时候,剑啸说:"我不能走,受家庭牵累走不了。"但是,他仍在帮助我,办法就是找姜椿芳。有一天吃饭时,我们到道外松花江航务局,我与剑啸到姜家,他刚刚吃完早饭,说了几句,没具体说。几天后,约在1931年10月间的一天,剑啸通知我说有车,我便马上乘车去了绥芬河。我现在想想,这些人绝不是难民,可能是党往边境输送搞武装的干部,连家属在内有一火车皮。什么问题使我这样想的?到了绥芬河住在旅店里,我找到熟人就搬走了。他们住了几天我不知道,这中间我也没见到他们,若是普通难民,绝不会在旅店里住那么久的。

在绥芬河期间,有一天,我在路上碰到一个三十岁上下的苏联人,我用俄文问他:"去苏联要有什么手续?"他说:"你到苏联领事馆去问问。"领事馆的门岗是中国人。我有一天自己就闯进去了,接待我的是涅里尼考夫,他是翻译官,莫斯科东方大学曹靖华的学生。头一天我们谈得很好,还跟我谈了曹靖华翻译的《聊斋》,他说:"你的想法很好,我们很愿意帮助进步的青年,我给你问问领事怎么办。"我从领事馆出来回家,警察局稽查处已到我的住处逮捕我去了。那时,我认识一个地亩局姓王的朋友,我们是在哈尔滨认识的,我的住处就是他介绍的。他出面到警察局说我是他的朋友,原在《晨光报》的,这才了事。

过几天，我又到领事馆去找涅里尼考夫问结果，他是这样回答的："你没有中国的护照，我们不能发入境证明给你。不过，你还是可以去的，我用个人名义写封信做证明。"就这样，他根据我们的谈话，用打字机打了一封信，有日期，有他的签名。这时，我到绥芬河已经很多日子了。可是从绥芬河到东宁去还有很长的路程，还得坐车。我拿着他的信，就往东宁去。没几天，坐马车在路上又碰上了难民，就跟他们坐一个车，而且不要我花钱。难民们也不知我住哪里，这就不是一般的难民了，他们雇的车让我坐，一直到了东宁住在旅馆里，我又不见他们了。这好像是有组织有安排的，绝不是偶然的，像有意安排帮助我一样。

在旅馆里，我身上还带着百八十块钱。旅馆老板说钱得换，要我把钱交给他们，到了苏联那边再去领。他们给我领路，由领路人负责。领路人是经常过来过去的，边境线上的情况他很熟悉。旅馆老板也不知道我要去苏联干什么，我也没跟他们说。

那天我买了十几个杠头①，穿了一大串套在脖子上。天黑时，领路人与我便出发了。走了十里路左右，走到一个山头上，有一家农民，他敲门进屋说了几句话，好像向农民打听苏军换岗没有，这是山顶上边境的最后一家中国人，然后我们过境了。走着走着我们就听见苏军打口哨，好像他们发觉有人了，我俩在山背后趴在草里，躲一会儿，就听见有人骑马带猎犬，从我们附近跑过去了，没有发现我们，我们继续往前走。第二天拂晓，我们就到了苏境内的"安全"地带——尼克鲁斯，这是进入苏联境内的第一个小镇。我叫领路人带我取钱去，走到一个大木头门时，领路人说："就是这家。"正在这时，有个边防军放哨的走过来了。领路人说："快走吧！'格伯喔'（边防军）在那里。"于是钱也没领得，我就问："'格伯喔'在哪儿？"就直

---

① 杠头：东北老百姓喜欢吃的一种圆形烤饼。

冲"格伯喔"去了。到了"格伯喔"机关住所，到那里我拿出涅里尼考夫的信，他们看了信很客气，很热情，跟他们一块儿吃饭，晚间就睡在那里。中苏国境线原来不那么严，可是九一八事变后，苏联远东边防突然吃紧，往返过境才严格起来。过了两三天，便把我送到伯力上级机关——远东边防军司令部去了，到那里就被关起来了。当时我感到迷惑不解，为什么关我呢？这件事是我最大的教训，我看是没有再这么主观的了。这在我的心灵上造成的伤痕是极深刻的。

过了几天，苏联人把我叫去，由王佩宣做翻译，问籍贯、姓名、受过什么教育、哪个学校的、职业等，问得很详细。在南国社演的什么戏，内容都问，做了详细记录。问了有四五次，每次都问这些内容，目的是对照几次谈的内容，有无虚假。我什么都跟他们谈，后来，王佩宣嫌麻烦了，让我不要跟他们谈了，说他们不懂中国的事情。

最后一次谈话时，说我是"国际间谍"，我冷笑，满不在乎地说："国际间谍？"或者你可能这样想，"国际间谍"怎么会这样愚蠢呢？我到了苏联境内第一天就找"格伯喔"的机关，这讲得通吗？你们用脑子想一想，没有这样愚蠢的人吧！王佩宣问我："王明、康生你认识不认识？"我说："不认识。"并反问他，他们是什么人。他说是几个学生。其实是驻第三国际的中国代表，当时都住在伯力。那时，刘少奇、林伯渠、吴玉章、杨松等同志都住在那里。就是在这一天，王佩宣问我："我打听一个人你认识不？此人一脸麻子，讲话哇啦哇啦的（指周保中）。"我说不认识。他说："你早来一个月就好了，什么事都没有。"谈话到此，以后再也不问我了。我说："你们调查去，上海、哈尔滨都有你们的领事馆，还有党的组织，一查就清楚了。"我很不耐烦。在那里每天一人一块黑列巴[①]，一碗大马哈鱼汤，里面有一小块咸鱼，饿得难受。

---

① 列巴：即面包。

快到一个月的时候，就把我转到正式监狱里去了。里面什么犯人都有，什么行业的都有。我没手艺，就打草绳子。到那里做工，面包管够，能吃饱肚子，里面有小卖部。有一天，一个乌克兰犯人是个小偷，跟我套近乎，装得很亲热，俩人靠得很近。我在毛衣兜里放着眼镜，他两手一夹就把我的眼镜夹出来，放在他的毡靴筒里了。最奇怪的是，我看见了还装不知道。待会儿，他出去到小卖部换了很多面包回来，他说给你一块大的吃，我心想这是拿我的眼镜换来的。我在这个监狱里待的时间最长，心情很安稳，也不着急。一个苏联人对我说："你可以请求离开这里。"我就笑而不答，心想，我才不请求呢！

这个监狱是一个八九米大的房子睡二十几个人，头脚交叉，上下两层。冬天睡在水泥地上，没铺没盖的。越想越感到窝囊，我的满腔热忱被浇了一桶冷水，我的热情一下子降到冰点以下，真憋气！后来有了结论，让我回国，那些苏联犯人很热情，听说我回中国，纷纷给我茶缸子、毡鞋留作纪念。与我同道回国的有日本人，鄂伦春人。这个鄂伦春人汉话讲不通，他是误入苏境的。他和我们一起走到边界时，对苏联红军说声："再见！"红军说："怎么，你还想再回来？"夜里，我们走到一个山坡上休息时，那个日本人很害怕，离我们老远的。苏联边防军很熟悉中国边境情况，过了一个山沟就是中国边境，看着我们过了境，苏联边防军走了。我们在天还没亮时，坐在山坡上休息，等天亮时，就到了绥芬河了。到绥芬河没吃的，就开始要饭了。第一次要饭，不知说什么。走到井边上见一个三十多岁男人打水，我走近他问："有吃的吗？"他指指苏联方向说："你是不是从东边来的？"我点点头，他说："你跟我来。"就到他家里去了。见桌子上放一个一尺左右长宽的大列巴，他用刀割一半送我，我道谢后就走了。这个人是个知识分子，很同情我。在这举目无亲、人地生疏的小城镇无法生存下去，我决定要徒步讨饭重返哈尔滨。我没敢进街，也没去找熟人，就直接进山了。足足走了半个多月的山路，在那人烟稀少的丛林里，是难遇到人家讨得一点儿吃的东西。晚间实在走不动了，饥寒交迫，索性倒在雪地上，昏昏沉沉地就睡过去了，险些被活活冻死。在山里要饭时曾碰上几个人：一个是晒粮的老头，问他有吃的没有，我说我是走道的①，他便把我领到他家，给我做了锅小米软饭，吃了几大碗，就在他家热炕上呼呼地睡了一觉。下午两三点钟醒来，就把在苏联监狱临走时苏联人送我的一双很好的毡筒靴给了他，作为酬谢，我就走了。

第二天，正值正月十五元宵节前，走到一家屋前，见一女孩十四五岁的样子，在门口晒太阳，便问她："你们家里有吃的没有？"她问我是做什么的，我说是走道的。她让我等等，便进屋拿东西去了，拿出了一大卷干煎饼给我，看得出这个小孩是非常同情我的。我就拿着边走边吃，渴了就扒去雪的表面有灰尘的地方，吃口雪，咬一口煎饼。再往前走就没有人家了，也不知走到哪里去了，深一脚浅一脚的，有时掉进小河沟里。等我走到再也看不到人家了，煎饼吃完就断粮了，也还是黑天白日地走，走不动就倒下来睡一会儿，起来再走。两天多没吃到一口东西，到第三天黄昏时，还没见人迹，脚腕子也走肿了，走起来一瘸一拐的，真到了山穷水尽的地步，怎么办呢？那一天，太阳快要落山了，我拿着一根破棍子，穿着破棉袍，继续在雪地里迈着沉重的步子走着，影子在地上拖得很长很长，又很疲乏，我有些伤感了。当时我想，这样一倒下去就死了，可见死是很容易的，也没什么恐怖，只是别人看见随便踢他两脚，像个死狗一样，不知道他是干什么的，他生前有什么理想，他是为了追求什么而死的，这是最大的遗憾、最大的悲哀呀！这就是陈凝秋哇！我想无论如何也得活下去！这时，我看见远处山顶上有一小屋，喜出望外，我拼命往上攀登，谁知走近一看，原来是个没屋顶无人居住的破房子。多叫人失望

---

① 走道的：东北地区方言，即"过路的"。

啊！我的双脚顿时就觉得加重了几十斤的重量，于是又走哇走哇。在路上遇到一些在山上干活的人，他们向我这个陌生的过路人投来了同情的目光，并把我领到他们的工棚子里，又给我吃的，我一顿吃了七个玉米面大饼子。半夜里，我翻来覆去不能入睡，我听到这些干活的兄弟们七嘴八舌地议论开我了。一个说："你说他是土匪呢，可又不像。"另一个说："你说他是要饭的？我看也不那么像。"最后有一个人悄声说："我看这个大个子准是从东边①来的！"第二天，他们贴了一锅苞米面大饼子，让我吃了早饭，还包了一大包饼子让我带在路上吃。这样我就得救了，活了下来。离开这个工棚，我又走了两天就到了小绥芬。实际上我在山里迷了路，转悠了半个来月才走到这里。初到小绥芬，找什么人呢？可又谁也不认识。一见远处有个小礼拜堂，我就进去了。人家做礼拜，我也跟着做礼拜，人家唱诗，我也跟着唱诗。等做完了礼拜，有一个四十多岁的农民样子的人，我就跟他搭话。当时他就拿出两毛钱给我，把我领到一个孤老头家里睡的。我用那两毛钱买了几斤棒子面，在他那里吃了饭。第二天，那个农民又来看我，原来他是个木匠，在海参崴待过，是苏联实行新经济政策时被驱逐回国的，他是山东人。从那以后，我就住到他家里去了。我帮他家做活，种麦子，吃饭也不要我的钱。有一天，我跟他一个十几岁的儿子锯柳木，用锯截寸厚的板子。那种锯就是把柳木放在一人多高的架子上，他在上面，我在下面。他的儿子很调皮，他在上面猛往下一推锯，锯柄磕掉了我上边半个门牙。我后来到上海拍电影时才镶上的。等我从小绥芬回到哈尔滨，住在电话局时，任白鸥传出去一个说法，说我："去苏联，嘣的一下被敲掉了半个牙，看他以后还去不去！"

种地期间发生了这样一件事：有一天天刚黑时，来了几个人，脚

---

① 东边：即苏联。

上穿着狍皮靴子,背着枪,不知是干什么的,我在河边上碰到的。几个小伙子都是二十岁上下,很精神。等到半夜里就听到街上打枪,打得很厉害。我躺在炕上不敢出去,一直打到天亮,约有一两个钟头。等天亮时,出去看到山坡上插着红旗,把一个军阀张宗昌管房产的人绑走了,绑到山上去了。捎信来,要很多钱赎票,等筹到钱去赎人时,人已被他们弄死了,死尸放在马槽里用咸盐腌了起来。这绝不是一般的土匪,因为山坡上插红旗,可能是山上的土匪队,也抗日,也抢劫。那时,有的土匪就打着义勇军的旗号,刘快腿那些人就是这样的队伍。那天夜里,根本就没有惊动老百姓,很像那种打土豪吃大户,给义勇军筹款的队伍。

在那个农民家里,我写信给任白鸥,要《紫色的歌》,他给我寄来两本。那个农民看到了《紫色的歌》很惊讶,说我是著书的人,不得了,简直是圣人,所以他对我很好。共在他家住了一两个月时间。

五

有一天,我突然收到了一封从绥芬河来的信,就是地亩局姓王的写的。信中让我某月某日到火车站去,不说什么事。我按指定时间到了火车站,一列火车进站,从车上跳下几个二三十岁的小伙子,戴着红袖章,上面写着"自卫军",下面写着"左路",二话没说就拉我上车,随后就开车走了,就这样参加了义勇军。地亩局姓王的也在车上,可惜我记不起他的名字了,我跟他绝不是一般的关系,他帮了我很多忙。火车开到穆陵自卫军总部所在地,司令是张治邦,此人是旧东北军驻绥芬河的边防军团长,在穆陵待了几天,又回到绥芬河,就正式组织了自卫军宣传部,我就在宣传部里工作。宣传部有地亩局姓王的,一个姓张的,他是哈尔滨法大的,是从苏联回来的，头上长个包，都叫他张疯童，还有邹素寒（邹大鹏的弟弟，都是参加大革命的）。另外还有一个姓王的学生，讲话很难听，侉里侉气的，这几个人都是从苏联回来的。他们告诉我，在苏联时，苏联人说我的名字说得最清楚，向他们打听我。在义勇军那年，头上长了个小疙瘩，我就用石碳酸烧它，结果肉烧成死肉，成了我参加义勇军的纪念了。

在穆陵碰上沙蒙。他原名叫刘尚文，是个电话接线员。有一次，他夜里架设电线，摸到日本人铁甲车跟前去了。有一天，他拿着一个歌本找我去了，歌本上就是《南归》的主题歌，问我："这个人是不是你？"我说是的。从此以后，他待我特别敬重，我们成了很接近的朋友。我给他起了个名字叫"沙蒙"，是法语骆驼的意思。

在绥芬河，有一天张治邦跟我们讲，说有一个很有学问有能力的人，要来这里，这指的就是周保中，过几天他就来了。后来在延安开边区参议会时，李延禄对我讲过，党通知李延禄跟张治邦要周保中这个人。周保中到宣传部，我一开始就感到很奇怪。他的俄语很好，很熟悉辩证法，整天给宣传部的人讲辩证法。他还说起他早知道我，他一到哈尔滨就打听我（可能从《五月画报》上知道的那些事）。于是，我就问他："你的俄文这么好，是从哪儿学的呀？"他说："我沿路看车站牌子学的。"（当地的站牌都是用汉俄文写的）。这显然是不对头的，看牌子怎能学会俄文呢？我又问："你怎么想到东北来的？"他说，他们从上海出发有十几个人，走到北平见到张学良，要求到东北抗日。张学良说东北很苦，怕你们吃不消。那么，那几个人就动摇了，只他一个人坚决来到东北，这是他刚到宣传部时对我们说的。

后来熟了，他就给我们讲他的故事：有一天，他在牡丹江沿岸，住在朝鲜族老乡家里，写抗日宣传，叫刘快腿的部下碰见了（刘部是土匪，他看见日本打日本，看见中国人抢中国人，后被周保中枪毙了），就说周是"老高丽"，是"汉奸"，当时就把他绑起来往后方送。在大车上押送的士兵抱着大枪坐在对面，这个兵是一路走着，一路上骂他"老高丽""汉奸""狗东西"，嘴里不干不净地骂个不停。而他就看着这个兵嘿嘿地笑，越骂他，他就越是笑。他为什么笑呢，他看出了民族仇恨是如此深刻。这个战士是有觉悟的，周说："我是要为东北人民流尽最后一滴血的！"他们把周保中押送到绥芬河的自卫军总部，地下党得知此情报后，立即让李延禄营救他。营救出来以后，就放在宣传部工作，这时，刘快腿部队已被收降了。

1941年在延安，康生有一天到青艺去找我，我问起康生说："我在东北碰见这么个人，他叫周保中，大革命时当过师长。"康生这才泄了他的底，说："他瞎扯，他是什么从南方来的，他是从莫斯科红军大学来的，是从苏联回来的。"王明、康生曾和我谈过，周保中在十月革命时率领部队一直打到莫斯科，1945年苏联出兵东北，他指挥苏军攻占满洲里，是有功勋的，当时军衔是上校。李延禄保释周保中，也是在延安边区参议会上，我们睡在一起，半夜里，他对我说的。

周保中在义勇军没垮时，到王德林救国军部队去了。临行前，我用一件小红花衫衣包了几个苞米面饼子给他，他夹着饼子就走了。周保中过了不久，就带领救国军部队攻打到宁安去了。

义勇军总部向前移，半夜里坐火车到了海林，据前面回来的人报告说，前面没有我们的队伍了，不能再往前走了。当时就命令刘快腿部队在前面打，打到高岭子为止。但他不听指挥，他说："打日本，看见日本鬼子为什么不让打，停在这里干什么？"他没想到等日本人一反攻，他连高岭子也保不住了，坐着大车往回跑，队伍给日本人冲垮了。总部还不知道这个情况，正坐着大车往前走呢。到这个时候，我们不能往前走了，就掉转车头往回开，火车没开出车站，日本人就来到了。

还有一次在艾河，挨日本飞机轰炸，我们爬到麦田里，飞机盘旋十几分钟，投了几颗炸弹，就飞去了。艾河是个小站的名字，在磨刀石附近。到了秋天，有一天张治邦在屋里很伤感，弹月琴，自弹自唱。就是那天，他把部队丢下，绕道海参崴投降日本了。他走后自卫军就瓦解了，张疯童跑到边境的三道河子说服部队抗日去了。他没钱，没吃的，派一个姓李的小孩给他送东西去。山上也没街道没门牌号码，无法寻找。后来想了个办法，我们唱歌，听到歌声他会出来的，果然就这样把他找到了。

这一时期，我的思想转变了。在文艺上，我曾有很长一段时间，情调、作风还转不过来，原因是没有生活。九一八事变后，在文艺上才出现了脱胎换骨的转变。这个转变是由去苏联受挫，敌人侵占东北，国破家亡才促成的。把全国人民的命运背到自己的身上，后来的许多救亡歌曲就是这样写出来的。我在义勇军的这段历史，决定了我的世界观，决定了我的生活道路，决定了我的创作道路，所以我到了上海，参加救亡运动才那么自觉，那么有劲。当然这个问题是在听了毛主席《在延安文艺座谈会上的讲话》之后，接着就是整风运动，经过反复深入地学习《讲话》明确了立场、观点、方法，澄清了自己在文艺思想方面的许多糊涂观念，如：人道主义、人类之爱，什么博爱、平等、自由，什么人性论，写光明写黑暗等问题，以及歌颂什么，反对什么，都比较有了新的认识，武装了自己的思想，从此以后，《在延安文艺座谈会上的讲话》的精神，就成了指导自己全部文艺活动的基本思想。正因为这样，在延安的秧歌运动和解放战争时期的文艺活动中，才大大提高了我的工作能力和认识问题的能力。

我离开救国军后，无处栖身，就住到沙蒙的电话局去了。我住电话局时，吃饭从沙蒙的薪水扣。最后我俩想到去哈尔滨，理由是电话局发不出信，到哈电话局取信。我们到哈后就住在南岗电话局，我便写信给任白鸥，要我的书箱子和吉他。我还去道外桃花巷金剑啸家里找过他，没碰到人，锁着门，我留个纸条告诉他我去上海了。这是1932年冬天的事情，还不怎么特别冷的时候。以后，在上海编东北作家七人集的时候，得知金剑啸在龙沙就义的消息，思想上震动很大。谁会料到，哈尔滨的暂短离别竟成永别了。

没有沙蒙的帮助，我是走不出东北的，尤其到不了关里。沿道上都是用沙蒙的钱，我俩在塘沽下船，看到中国国旗，心里很激动，掉泪哭了！这天，第一顿饭吃的狗不理包子，到北京后第一顿在一条龙吃的面条。

六

到了北平后，就把沙蒙的积蓄全用光了。我在北平住在贡院，白杨、宋之的、刘丽影（那时她在拍电影《故都春梦》）、于伶等前来看我，他们当时都是北平剧联的。沙蒙到了北平不久，就回他的故乡河北玉田县去了。他从玉田回到北平后，我俩很快乘火车去了上海。我写信跟左联要的路费，这是1933年春天，我们坐火车到青岛，从青岛搭船去的上海，白杨他们随后也到了上海。

到了上海，我写的头一个戏《铁队》是写义勇军起义的，当时住在美华里（左明等穷文人都住在那里）。接着我又写了《狱》，根据盖文华搞熙洽①部队的事写的，后来大地剧社在南京演出了此剧。

洪深在上海明星公司做顾问，在这之后不久，他来找我，他导演阳翰笙写的《铁板红泪录》，请我参加拍片，我就与明星公司签了一年的合同，从此开始了我的银幕生活。拍了第一部影片《铁板红泪录》，我在该片扮演男主角，一个农民的孩子，王莹演女主角，农村

---

① 熙洽：伪满洲国宫内府大臣，汉奸。

女孩。那一年是党的力量刚挤进电影界，阳翰笙、夏衍、田汉都在给明星公司写电影。《铁板红泪录》是写四川地主剥削农民的铁板租的。我共拍过四部影片。

第二部片是《同仇》，写的一个颓废的军官，跟一个女人要好，生了孩子，后来出发抗日，女人抱着孩子拿着刀追到火车站，要杀这个就要出发的军官，当她听到这个军官对群众的讲话，女人受到感动，刀子从手上落到了地上，个人之间的仇恨居于第二位，要同仇敌忾。我演军官，王莹演女人。这个戏在哈尔滨放映时，被日本当局改头换面为《情海》，金剑啸看了被删改后的戏，抹掉了抗日内容，成了一个莫名其妙的戏。剑啸写文章批评这个戏是很对的，文章也表现了这部影片在哈放映被糟蹋的结果，这种义愤是应该有的。这个剧本是夏衍写的，谢云卿演村姑的父亲，严月娴演一个风流女人，王献斋演坏人军官，记得是穿军服的。这个片子也是1933年拍摄的。

第三部片子是写上海纱厂女工的《上海二十四小时》，是夏衍写的，我在片中演工人。我演的第四部片子是《华山艳史》，外景是在华山拍摄的。徐来演一个搞三角恋爱的风流女人，我演男主角，是一个诗人，也就是我那么个人儿。在此剧中有这样一个情节：这个诗人摔碎吉他，毅然抗日去了。还记得一天，在一个庙门前，墙下面就是深谷，拍摄在庙门前的石凳上，徐来躺在我腿上的镜头时，有一个二十多岁的小和尚，踩着一寸宽的墙基过来看，下面是很险要的深谷哇，居然他也爬过来了。徐来二十多岁，真是个东方标准美女。当时王莹还半开玩笑地说："塞克弹吉他是弹给徐来听的。"那时王莹已经是党员了。我们住在华山青权坪的庙里。

我和王莹在郑州有一次漫步走到郑州车站时，我俩在铁路上来回走着，直谈到深夜。当时我们都住在火车上，王莹告诉我说，他们公司老板张石川说："塞克去苏联，还不是找饭吃。"在去苏的问题上，他们是根本不会理解我的。我们谈得很多，其他的都不记得了。我以为她是个普通的知识青年，不知她是党员。后来，她到了美国，因护照过期被关押在自由女神下的监狱，后押解出境。她写了一本很厚的书——《两种美国人》。她在美国的白宫给罗斯福夫妇演过《放下你的鞭子》，她演剧中的小姑娘，是写父女从东北逃出，流浪卖艺的故事，歌中唱道：

高粱叶子青又青，
九月十八来了日本兵，
先占火药库，
后打北大营。
东北的军队有几十万，
拱手让给了日本兵。

"文革"期间，我在北京曾见到她，她要和我谈谈，因当时见面很不容易，没能谈成。再往后听说她在狱中被害死了，这一次见面是最后一次。她死后一年，她的丈夫才知道。他查到监狱犯人号码后，才找到她的骨灰埋在西山，除此什么也没有了。死得很惨哪！

《放下你的鞭子》在抗战初期还到处在演，张瑞芳还演过。当时东北的情景真惨哪！拱手让出了东北，一枪没打嘛！

那一年，成立了业余的新地剧社，是上海剧联主搞的，但我不是剧联的人。当时剧联有：章泯、宋之的、左明等参加剧社，剧社排戏都由我出面主搞。有些事，他们先商量好，在会上他们提议，大家举手通过。我发现这种情况后，就不去了。当时有个女演员是湖北人，她是个小孩名叫路璐，她找我说："你不去，我就给你跪着。"这个人在上海解放时，住在国际饭店，在很高的楼上戴一副很黑的太阳镜上电梯，电梯出故障门没关，她一脚踩空坠到楼下。路璐很聪明，死得很惨，很可惜！

赵丹、顾而已、徐韬、王为一他们是上海美专的学生，几个人一道参加新地剧社。1933年春天，田汉在上海戏剧界搞的不能公开出面了，国民党统治得很厉害。我们演戏时，那些特务在剧场里跺脚捣乱，当时与国民党的斗争很尖锐。因为我是刚刚回上海的，新地剧社表面上是我领导的，实际上不是那么回事。

当时排了《雪的皇冠》，是王为一主演的一个戏。吕班也是新地剧社的，这个人已经去世了。他在延安抗大，有一次对毛主席说："我是搞戏的，演戏要演得怎么才像？"然后他让主席走给他看看，毛主席听后，果然走起来给他看，并问他："你看这样像不像？"在新地剧社时，见他有一次缝衣服时，把针插到头皮上。他跟上海流氓青帮有些关系，大地剧社也有他。新地剧社在上海法租界圣母院路演出一次后就垮了，新地剧社存在半年多的时间。赵丹等就是从这时开始演戏的。

后来，又组织了春地剧社，排了一个《穷人》，成员还是这些人，是剧联搞的。我只知道排戏，怎么组织的，人和钱是哪儿来的，我都不清楚，这个剧社很快就垮了。我记得那时有一个人住在吕班万谊房，我跟他见过一面，此人出钱资助春地剧社。他的样子非常像凯丰（延安时期任中共中央宣传部部长），怎么平白无故的会拿钱搞剧社呢！后来还搞了一个剧社，名字不记得了，只记得租了间很大的房子，也没排戏就散了。

到了1934年，那时我从明星影片公司出来，无职业。章泯找我说："咱们成立剧社到南京去演戏。"为了跟国民党争夺观众，当时我就答应他了，成立后叫"大地剧社"。怎么找的演员我不知道，演员队伍集合齐了，我带演员就去南京了，用南京大世界老板顾无为的剧场，钱由他出，这些事都由章泯事先联系好的。我跟演员们一道乘车到南京，章泯则单独去南京，单独住在外边，每天到剧社来。

演出了一次《悭吝人》《父归》《狱》等戏。这一次因为唐槐秋的中国旅行剧团在南京，跟他们唱对台戏，我才演出《父归》的。演出那天下雨，是露天剧场，观众索性把椅子顶在脑袋上看戏，戏冒雨演。南京剧联的张水华、瞿白音、舒强等很多人都来帮助演出。

大地剧社在南京的情形是这样，国民党的特务头子刘咏真、萧作霖等出面请客，都是两个人署名的请帖，我收到了一大沓子。我的意思是你找我排戏，我就给你排，请客太没意思，我就不去。他们的意图想把这些人留在南京。我们住在旅馆里，有一天上海剧联的陈荒煤到了南京，传达了《扬子江暴风雨》在上海演出的情况，是在旅馆的院子里讲的。他讲了演出受到了热烈欢迎，国民党特务破坏演出，在演出中间跟特务展开了斗争，台下喊口号，演员演完后没卸妆从后门走掉的。这次是聂耳演的老工人。我们住的旅馆的茶房向警方报告说："共产党在开会。"我们散会后来了两个特务打手，到旅馆一看，什么也没有，咋呼一阵子就走了。

第二天，顾无为就来到旅馆找我们谈话，要我们回上海，要不然出了事他不敢负责，我们当时只好回去了。回上海时，章泯就没跟我们坐一个车，所以没有扣住他，他的警惕性很高，这个人很聪明。新中国成立后，他在北影工作，已去世了。我听说"文革"期间在一次接见中，江青故意问他："咱们好像在哪儿见过。"章泯回答说："在首长接见外宾时好像见过。"所以江青没动他。到了上海，警察局开了一辆警车到火车站，我们大地剧社全体成员都被捕了。这里面有几个共产党员，郑山尊就是，他在剧社管总务，当时他把名单吃进嘴里，警察当即打他几个嘴巴。我们都被关进拘留所，我跟沙蒙、荒煤、吕班关在一个监号里。我说："这回不知道该住几年了。"吕班跟上海青红帮有关系，没几天就出去了，朱星南很快也出去了，我们被关了不到三个月，自以为没什么事，就在里面待着吧。萧作霖他们往返于南京上海，我释放后，宋之的留下，他前不久曾被捕，押在龙华监狱，特务头子萧作霖假惺惺地出面做好人保我们，派艺华公司导演

041

徐苏灵，代表他去警察局保我们，这样才把我们放出来的。大地剧社从此宣告垮台。"文革"时，去上海外调，找到当时上海警察局的办案人，说是他们那时破获的一起共产党的案子。当时的南京特务头子萧作霖屡次发请帖宴请剧社，我们没予理睬，这个家伙恼羞成怒，便拍电报去上海，让上海警察局逮捕我们，然后又出面保释我们，装作好人，想用软的手段收买我们，行径卑鄙至极！因为国民党当时弄不到演员，没有人愿意给他们干。1937年，救亡演剧一队在开封演出时，萧作霖也在那里，他又请客。见到他我装不认识。有一天，我和马彦祥在一家小铺里喝米酒时，马彦祥对我说："萧作霖说陈凝秋先生对上海的事，至今还有个疙瘩呀！"新中国成立后，萧作霖跟着程潜起义到了北京，他倒是北京的上宾，因为他是国民党革命委员会的中央委员嘛！事后知道，大地剧社有些中共党员，当时谁也不知道，没有暴露。

不久，王悌余找我，他是上海青帮的老头子，要成立狮吼剧社，朱学范出钱资助剧社，王悌余出面办的。狮吼剧社演出过一次俄国奥斯特洛夫斯基的《贫非罪》。这时，搞抗日的剧本，思想还是不怎么明确的，还没有写抗日救亡歌曲，到了上海剧院后才明确的。

为了要演抗日的戏，我带了一批演员：沙蒙、田烈、王庭树、李实等都跟我到了上海剧院。我跟向培良经理（他是国民党）讲了条件，就是要演抗日的戏，他答应了，才带人去的。去了之后，就排《流民三千万》，这个剧本是1934年夏天写的，剧中主题歌是最早的一首救亡歌曲。在1935年星海谱曲之前，已有几人谱过，但不很满意。这个剧本在上海《文汇报》同时发表，并与商务印书馆签订了出单集子的合同。到临近上演，已开始制景的时候，广西白崇禧成立了抗日政府，自发表了抗日宣言，上海市市长吴铁城提出他不敢负责，跟我商量是否可以换个别的剧本排演，我说："剧本换不了，只能演这个戏，演别的戏，演员也没有。"周贻白在这个戏中演日本军官，后为中央戏剧学院教授，患瘫痪症死去的。他是个很特别的人，他是红帮里的双龙头老大哥，他有一段故事：他小时候曾在警察派出所里当文书，后来他们就捉住一个最大的红帮老头子，他押此人坐船往城里送，红帮老头子给他做工作说："你干这个干什么？你是不是跟着我们干？"他毅然就把老头子放了。他也无法回去交差，于是他就干上了红帮。后来在北洋军阀时期，到处通缉他，他在街上看布告，听别人议论。后来有一个旅的人在洞庭湖围剿他，也没能抓到他。他有很好的武功，据说他空手，你拿刀子也对付不了他，能把你的刀子夺过来，还可以在楼房上往下跳，会翻跟头。有一次，跟他老婆生气吵架，用两个手指一捅，把她的两条肋骨捅断了。他是个很奇怪的人，但他又读过很多书，读过很多戏曲书，研究戏曲。他是湖南人，在南国社跟田汉先生认识。新中国成立后他在中央戏剧学院教戏曲史的。我当时坚持要演就演抗日的戏，这是1935年的事。就这样，《流民三千万》被国民党停演，报纸连载剧本也没登完就停了。狮吼剧社也就垮了，我们失业了，演员为此都没饭吃，真的很苦。南京政府出高价收买演员，我们就是饿着肚子待在上海。饿肚子最苦的是沙蒙，他饿得每顿只能喝几勺鱼肝油，或跟别人要几分钱，喝一碗稀饭，喝鱼肝油喝得直拉肚子。

　　我也没钱，别人租的房子，我搭个铺住在那里。也没饭吃，买一袋面粉放在屋子里，白天出去跟朋友吃，实在没饭吃，回去揪一碗面片，放一点盐就吃下去。《救国军歌》就是在这时写的。真没想到，这首歌一拿出去就迅速流传开来。那是一种情感上的总爆发。当时中国很乱，到处在打，在这种情绪中写的，也是我最穷的时期写的，直到现在这首歌我一个子儿都没拿到，可是它的影响最大。《救国军歌》是从生活中来的，我参加的东北自卫军就叫救国军，歌曲由此得名。

　　在上海最早唱这首歌，是救国会游行时唱的，那是周巍峙教的。

新安旅行团刚组成，准备支援绥远傅作义抗战节目时，我跟星海到大场陶行知办的工学团去教歌，回来我俩走到霞飞路到冠生园吃的鸡粥，吃完了我们在路上，星海指挥，边走边唱这首歌。新安旅行团唱了这首歌。好像没有多久，阿英写的话剧《春风秋雨》用了这首歌，为此他去找过我，这个戏在上海卡尔登上演了，这都是有案可查的，有人证物证的。有人硬说这首歌是1936年写的，那怎么行呢？这是历史啊！不能随意改变①！自从把上海剧院撂了以后，就不能搞剧社而专写救亡歌曲。从这时开始，写救亡歌曲时使用塞克的笔名，演戏时叫陈凝秋。

写《心头恨》时，情绪真是升华，那时我住在拉都路，天一影片公司的对面，跟田方就在那时认识的，那是我情绪最饱满的时候。这些歌都不是在屋子里写的，我走在马路上，想起句子，就拿出破铅笔头，往手上画。如果不是经过很久的酝酿，不会写出那样的句子的。从九一八事变到那时是多么长的时间哪！

种子下地会发芽，
仇恨入心也生根，
不把敌人杀干净，
海水也洗不清这心头恨。

人完全跑到了这种情绪中间，是很久很久，多少年才写出了这两句词的。

贺绿汀找我，在拉都路口我拿出了歌词，他用民歌小调的风格谱了这首歌，我听了感到轻飘飘的，情绪太不对头了。我对这首曲子是摇头的，作曲技巧他是有的，但他不理解我的这种心情。后来我到了

---

① 《冼星海全集》注明此歌曲创作于1936年夏。

延安，我和星海在鲁艺东山上，我拿出这首歌词给他，我说："这首歌贺绿汀谱的我不满意，你再谱谱看。"他拿去了歌词，谱了曲，这首歌写得沉痛、有劲，那种心情完全憋在肚子里一样，真有分量啊！①

在北京的一次聂耳、冼星海纪念会上演唱这首歌时，报幕是星海作曲，演唱时却是贺绿汀作曲的那首，是由女中音唱的，我一听就不对头。苏联一个作曲家写作的一部《中国解放》交响乐，就是用星海谱的这首歌作为交响乐的主题。

那时，我的歌词多半都是在马路上产生的，双手插兜边走边想边写的。赵丹说的那个形象，脖子上挂两个罐头盒子，那是个发挥夸大的神经病的形象了。我那时的确是经常漫步在街头的，苏联歌曲《快乐的人们》翻译好以后，我也是走在路上边走边唱配上去的，唱起来曲谱是完全吻合的。还翻译改编了《青年航空员》。

就在这一年，我在上海又见到了姜椿芳同志，这时业余剧人正在演《大雷雨》《罗密欧与朱丽叶》《太平天国》《欲魔》等戏。这时《东北作家近作集》已经出版了。在美华里法租界巨泼来斯路，舒群找我为此集稿时，我俩躺在高粱地里谈话的印象最深。

"仇恨""种子"两句词，是我从"九一八"到上海经过几年的酝酿才写出的，我自认为我一生就写了这两句好词。从这里充分说明了创作和生活的关系。

这一年，我翻译了高尔基《夜店》剧本，好像是在山东人开的燎原书店出版的。山东人姓刘，大胖子像个买卖人，是舒群认识的朋友。有个跟我住在一起的叫王白羽，由他付房钱。在甘肃东路住了几个月，他在延安整风时，被整成十八年的"老特务"。他在整风交代材料中写道，是党让他帮助我的生活。1946年在热河文联曾跟我在一

---

① 《冼星海全集》注明此曲冼星海1944年完成于哈萨克斯坦。

起工作，我离开热河去东北后，就不知他的消息了。若不是在延安整风，我是永远也不会知道他是地下党员的事。

赵丹在《地狱之门》里写的我，他一直是不理解我的，写着好玩吧，凭想象任意发挥的，我在他的笔下就成了一个疯子了。那时，我写救亡歌曲的精神是多么严肃哇！而他写的又是那样的滑稽！他是无法理解我的，他尽管跟我最接近。那时，剧联也就剩了一个业余剧人剧团了。

1937年七七事变打起来之后，一天，崔嵬在马路上碰到了我，把我拉去好像在一家旅馆里，夏衍主搞的写《保卫卢沟桥》，在场的有三四十人，夏衍讲了一个故事的梗概，回头大家分幕执笔。我和宋之的写了一幕，排了一幕，因时间仓促，写完之后前后也不连贯，一边排一边修改，崔嵬、赵丹、洪深等都参加了创作或演出。这个戏是在一个小剧场里演出的，在演出时有些事情：台上讲一句台词，台下喊一句口号，我们演这个戏连国民党文化特务也不捣乱，还在门口帮助维持秩序。记得有一个日本人去看戏，一进剧场就派人盯上他了，他自我声明说："我是日本人，我来看戏不是恶意的。"等他买了票，在他座位两边都安置了自己人观察他。这个戏演到激烈时，观众鼓掌他也鼓掌，观众喊口号他也喊口号。

有一天，七君子①释放后来到剧场，剧场里掀起一股热潮，热烈鼓掌欢迎他们。那一天，郭沫若出席了，他刚从日本回国，他还在演出前讲了话。这个戏一直演到上海打起来。观众与演员、台上台下连成一片。除了南国社演戏外，就没出现过这种热烈的情况，那次演出真像一场战斗哇！与群众同呼吸共命运，这是一场激动人心、永生难忘的演出，也是我们在上海演出的最后一个戏。这个戏一直演到上海"八一三"，这时，上海成立了戏剧界抗敌协会，我被选为协会

---

① 七君子：指1936年11月被国民党当局逮捕的救国会领导人沈钧儒、邹韬奋、章乃器、李公朴、沙千里、史良、王造时。

理事。

在卢沟桥打起来那天，我正在卡尔登剧院看戏，业余剧人演曹禺的《原野》。在看戏中间，听有人说卢沟桥打起来了，我当时感到振奋，无法抑制感情的激流，像山洪暴发般倾泻出来，我当时脑子里没有思索地蹦出了几句歌词：

> 敌人从哪里来，
> 把他打回哪里去；
> 敌人从哪里进攻，
> 就把他消灭在哪里。
> 中华民族是一个铁的集体，
> 我们不能失去一寸土地。

是不是没有思索呢？我已经思索得很久很久了，好几年了。这种情绪是从九一八事变就有了的，到那时候爆发出来的，这不是做出来的。这几句话后来一直成为全国抗日军民的行动口号，这样的口号从前是没有的，但在人民中间是有这种情绪和要求的，不过是通过我的嘴说出来了，每个人都觉得说出了他心里的话。他不是在唱你的歌，是唱他们自己的歌。记得上海"八一三"打起来的第一天，我兴奋得一天没吃饭，在北四川路跑来跑去，打听消息。南京路上的日本军乘着卡车疯狂地驶过，北四川路是日本的阵地。我觉得抗战的一天终于到来了！从那沉闷的气氛里盼到了这一天，是多么高兴啊！

上海"八一三"之后的第十天，我又在马路上碰到崔嵬，他说："成立救亡演剧队，你去不去？"我说："好！"第二天就在业余剧人协会集合，我就把我的箱子连同我的吉他托付给陈白尘了。第一队从上海出发到南京，在南京约半个月。演剧一队在我的印象里，马彦祥、宋之的、崔嵬、王震之这几个人比较起作用，无形中他们几个人似乎是核心人物，其余的一般都是跟着走的。马彦祥、宋之的、王苹在郑州离开了一队，回武汉去了，别的人都随一队到了山西。当时我们一个钱也没有，是组织起来就出发，硬走，走出去后再想办法。曾先后到了南京、武汉、郑州、开封、陕西等地进行救亡宣传演出。演出节目都是新的，临时编的，边写边排，走到哪里都是新节目。

演剧一队从上海走的那天，没走北站，是在晚上从一个小火车站上的车绕道走的。淞江铁桥都被炸了，火车上一路都灭着灯。飞机轰炸南京，飞机就在头顶上飞过，那时日本飞机每天到南京炸一次，晚饭后就像上班一样。我们在南京就那样挺着，有的人飞机空袭时，跑到院子里围着柱子转，贺绿汀钻到桌子底下，拿箱子挡上，那时没有防空经验，飞机一来恐怖得不得了。有一次轰炸平民区，炸了一夜直到天亮，我们在南京待了约半个月，阳翰笙与田汉来看我们，他们当时在南京还不自由呢，不准许他们离开南京，只许在南京活动。在南京，我们没做演出，就筹备着走。为什么叫马彦祥领队？就是利用他跟国民党的关系。我们离宁后的第一站是先到武汉。

在武汉演出了临时编的上海抗战的话剧。离开武汉到开封，那时，演戏没有布景，走路也没有路费，二十几个人一分钱也没有，队长是马彦祥，成员有宋之的、王苹、王震之、阿狄、欧阳山尊、李丽莲（山尊妻，已故）、王贵（是个工人）、崔嵬、聂绀弩（他是去山西民族革命大学的），还有马彦祥的爱人，名字不记得了。一路走，一路想办法，走到这一站，还不知道下一站如何走法，因为一个钱也没有哇。等联系好了，下一站来接我们。也真大胆，坐火车、住旅馆、吃饭一概没钱，就是一站一站地想办法。第一队刚成立，就硬是闯出一条路来。崔嵬是沿路演戏，从汉口演到武昌，在黄鹤楼底下演出《放下你的鞭子》时，日本飞机来轰炸，我们就到黄鹤楼上的茶馆，目睹飞机向长江里投炸弹。我们在武汉停留时间较长，也是离开南京后的第一站。然后去开封，在那里也演了一个时期。郑州是第三站。有一天日本飞机把一个澡堂子给炸了，洗澡的人光着屁股往外跑。我们走到哪儿，飞机就炸到哪儿，有时飞机还追火车。在郑州，我们开了一次会，会议决定下一步怎么办，感觉到这样实在太困难。马彦祥就回武汉去了。我说："既然抗战，就得找一个坚决抗战的部队在一道。"意思就是找八路军去。宋之的走了，王苹没走。下一站我们到了陕州，演完了到了济南。剧本、歌曲一路走，一路写，写了就演就唱。贺绿汀也在一队。在河南大学演出时，范文澜在那里做教授，是河南大学师生公认的救亡运动的组织者和领导者。贺绿汀跟我合作创作了《全面抗战》。这首歌是《保卫卢沟桥》的词略加修改。

后来到了西安，碰到了袁弱水，他就给我写了两首诗，其中第二首诗是这样的：

雪岭冰川话旧程，
喜闻小友又纵横，
今年不唱高粱叶，
百万军中作吼声。

诗中最后那句就是指的《救国军歌》，我一直把这首诗保存了五十多年。还碰到我的小学同学叫王树森，这个人在山西阎锡山部队的新军里，他跟阎锡山有一些关系，薄一波安插了很多共产党员。他被集体枪毙时没打死，倒在死尸里边，弄得满身都是血，夜里从死尸堆里爬出来，跑到老百姓家。后来，他做了哈尔滨的文化局长，我俩还是把兄弟呢。新军的决死队上前方，我们还欢送过他们，他是没死了的。在西安，崔嵬、丁里我们几个人写了个剧本叫《八百壮士》，后来我在兰州排演了这个戏。

1937年年底，到了山西临汾。《游击队歌》就是在临汾写的，歌

049

词就是在一个存煤的小屋子里商量写的，这个歌到了总部，朱老总把这首歌抄在小本上，天天戴着眼镜唱。在临汾又遇到了"西战团"，他们唱了很多陕北的歌子。那次，我们还到了离临汾十几里路的刘村镇八路军办事处，处长是彭雪枫。后来他是新四军的师长，他牺牲后在延安杨家岭中央大礼堂里开他的追悼会，我给他写了挽歌，金紫光谱曲的。金紫光现在北京，原在延安平剧院，写挽歌时，我在党校，也许金紫光会记得。

在刘村镇八路军办事处过元旦，拿洗脸盆盛菜，十几个菜全用洗脸盆盛，那大块的猪肉是红烧的，那才新鲜呢！真是别有情趣！彭雪枫招待我们。那天晚饭后，有几个农村的小孩子，演农村的花鼓，嘣嘣锵来嘣嘣锵，很活泼，看了印象很深。三个孩子，一个敲着小镲，一个拿着小手锣，一个敲着花鼓，敲鼓的还直翻跟头，锵锵锵锵锵，节奏很紧凑。这就是《酸枣刺》的起点，这首歌的节奏就是从打花鼓的节奏中来的。1939年，我和星海在延安的一个窑洞门前，我唱给他听，他听后很快就把它变成旋律了，他立刻就写出来了《酸枣刺》这个凝练通俗、活泼生动的旋律，什么时候唱它，都会使你感到更清新的。这首歌的主题是表现游击战术思想的，机动灵活地打击敌人。演出时，观众那种喜悦心情真是感人哪！这首歌唱出了当时群众的心声，在延安演出时，活泼极了，立刻流传开来：

酸枣刺，

尖又尖，

敌人来到黄河边，

抗日军，

上前线，

能打小鬼是好汉。

那勤务员也唱啊，笑哇！歌词里有游击战、持久战的思想，那时毛主席这方面的著作已经很多了，所以才写了这首歌，在延安开展览会中就把这首歌介绍出来了。别看这么一首小歌，它的来历却很远，而且是民间的，运用民间的东西就不生硬了，那是真"化"了的。令人气愤的是"四人帮"竟把歌词中的"小鬼"改成了"鬼子"。"小鬼"在歌词中表现了群众对敌人无比轻蔑的意思，改成"鬼子"就没有这种轻蔑的色彩了。这纯粹是故意改的，真是不懂群众语言的混蛋！毛主席听了小勤务员唱这首歌时，特别喜欢。它所以流行，受欢迎，因为它的节奏是中国农村的，而星海很快就能抓到音乐形象，这说明他学识的渊博和民族音乐语言修养的深厚。还有《二月里来》：

二月里来好春光，
家家户户种田忙，
种瓜的得瓜，
种豆的得豆，
谁种下仇恨他自己遭殃。

很典型啊！我写歌也是这样的。脑袋在一个地方，而身子却在另外一个什么地方。

我从碰到"西战团"，就提出要到"西战团"去，很快就离开救亡演剧一队。我到"西战团"去就到了万安镇，在那里过了一个冬。这是1938年春节前夕，我给他们排戏，写歌，开始修改《流民三千万》剧本。这时，我收到一笔四川影人剧团演出《流民三千万》的演出费，我就靠这笔钱生活了一两年。影人剧团有白杨、陈白尘等。在"西战团"我不跟大家住在一起，我单独住在一个院子里，那是一个进士的房子，门口挂着"进士及第"的匾额。丁玲他们怕我寂寞，安排些团员找我玩。我还记得有一天丁玲问我:"八路军抗战为了共产党,国民党嘛是为了国民党,那么你为什么要抗战?"我说:"我什么都不为,我就是为中国的老百姓说话,我就是向世界人民控诉日本帝国主义。"的确就是这么个思想,一直支持着我。当时我身体很不好,腰痛得非常厉害,排完了戏,我就趴在床上起不来,这是从苏联回来在雪地里睡觉得的病。我就对丁玲说:"抗战若五年胜利,我还赶得上,若十年胜利,我可能就赶不上了。"丁玲和我们没事就跑到小酒馆喝酒去。那时"西战团"多演小秧歌剧,吴坚当时是"西战团"最小的演员,我当时给他排过戏,这个小孩我很喜欢他。

在"西战团",我有个勤务员叫李秀仁,是山西人,十四五岁,每天扫地、端饭。有一次,不见他了,不知是怎么回事,就找他,原来他在城墙上学习呢。从那以后,我见他不在,就不找他了,有些事自己做。后来,在延安碰见过他。新中国成立后,听说他成了武钢的党委书记,以后又调到青海当水利厅副厅长。这个人一点儿书也没念过,爱学习,从山西到西安一直跟着我。

那时,敌人进攻晋东南,进攻临汾,总部通知我们提前转移,萧军、萧红、聂绀弩、端木蕻良等都在革命大学,李公朴做校长。萧军在民族革命大学提出每人一条扁担,说这样又可挑东西,又可当武器。我离开临汾那天,走到运城,八路军往前开,国民党炮兵就往后开,我们在运城等了一天,看着国民党军队往后跑。此情此景激怒了我,便在火车上写了个话剧《突击》。在车上我分幕,到西安就写出来了。排戏时在一个中学里。在火车上,有端木蕻良、聂绀弩、萧军,我们作诗联句玩。

空袭警报来了我们就下防空洞,解除警报就出来还排戏,演员拿着剧本下防空洞里读。我记得在西安排戏时,还拍了一张照片,我还一直保存着。《突击》剧本发表在汉口出版的《七月》杂志上,这戏的情节是:日本攻进一个村庄,放火把村庄烧了,逃出来的妇女丢失了孩子,她拿着孩子的小斗篷。后来全村人都逃出来了。剧中有个算命的先生,是王玉清演的,后来王做过陈云的秘书,夏革非演李二嫂。演石头的是陈正清,"文化大革命"时自杀了,他夫妻俩都是"文革"时期被逼死的,是很好的人,受不了污辱,他在山西西战团时,跟我很接近的。还有赵尚武(赵尚志弟弟),在西安时他还在呢,他是"西战团"的演员。那是第二次去前方,周巍峙带队。后来他调到晋察冀军区抗敌剧社工作,有一次敌人进村扫荡烧村子,老乡都撤走了,但发现有一个孩子没出来,尚武又跑进村子,救出了孩子,他却被敌人打死了。孩子的妈妈是我党的干部,姓什么叫什么我都记不得了。[1]尚武牺牲时很年轻啊!只有十七八岁。[2]日本投降后,我们从延安出来,往东北进军的路上,在内蒙古的林东林西一带,在军区请客的一个机会,碰到了那个被救的孩子的母亲,那个孩子我还抱了一抱。

"西战团"在西安演完了《突击》,我认识了一个叫傅森(陈赓爱人的哥哥)的,因《突击》剧中有个小孩叫傅森。他看完戏很感动,请我们吃饭。他当时在西安一个广东酒家里工作,这里实际上是一个党的联络点,朱老总从西安路过时,都到他那个饭馆吃饭。当时那个饭馆的老板就是后来人民大会堂对面的中国历史博物馆的副馆长,他还曾当过人民日报总编或是副总编[3],当时傅森也是不知道的。他当时根本不认识"西战团"的任何人,他请客的行为太令人怀疑了。我在兰州时,他突然到兰州找过我,他当时的行为也令人感到奇怪。

傅森在西安曾经送了许多人到延安去,他的几个妹妹也都在延安。可是他本人呢,当时很多人都说他在政治上很不好,那时说他不

---

[1] 父刘佳,母陈群。
[2] 赵尚武同志牺牲后,在当地修了墓。1983年周巍峙、刘佳等一些老同志集资在河北省阜平县烈士陵园里为赵尚武同志竖一较大的纪念碑,以志纪念。
[3] 饭馆老板即董谦。

好,是对他起到保护作用的。但在抗战之后,一直多年的整风,政治运动,却说他是国民党特务。这个人是在大革命时期,在林老的部下做工作的,很早哇!他现在青岛离休了,原来在青岛当过一个机械厂的厂长。他到北京就住在陈赓家里,他的妹妹叫傅涯(可能是公用局的党委书记)。傅森这个人才冤枉呢!他到延安时,我们都把他当作特务看待,可他还帮了我们不少忙。我从兰州回到西安,还住到他家里。八路军驻西安办事处的一个秘书叫居正,到傅森家找过我,是为了接洽去延安的事情,我还特别问居正,这个人怎么样?他说:"都说这个人不怎么好。"那时是为了掩护他嘛。可是之后,运动一来就整他,甚至连他的妹妹都说他是特务,因为社会上都这么说嘛!你看他这一辈子,现在都七十多岁了,才把问题搞清楚,在"四人帮"时期,那怎么能搞清这些历史呢!

在西安演完《突击》后,"西战团"要回延安,丁玲要我一道去延安,我死活不去,因为我讨厌一个人,他在延安鲁艺工作,我认为此公什么也不会,考虑到延安跟那样的人在一道共事不行。这是我当时心里想的,没说出来。所以,我便离开了"西战团"去甘肃了。我为什么要去甘肃呢?那时,我还想去苏联。为什么提出要去新疆呢?新疆不是在苏联边上吗?还有机会去呀,因此我离开"西战团"时,便提出去新疆,出发后的头一站是甘肃兰州。一起去甘肃的有萧军、王洛宾、罗珊("西战团"的舞蹈演员,王的爱人)、朱星南等。

当时,我写歌演戏,是施展了全部本领的。我的歌拿出来就唱,我排戏是拿人做文字,所以我的武器全部都发挥出来了,而他们写了文章没处出版。这期间,他们还都没写什么文章,我仅知道萧红是写文章的作家,因为在上海就认识,没什么印象,当时我也没看过她的文章。

我去甘肃不是目的,而是走到甘肃就走不动了。我在西安排《突击》的时候,宣侠父常去看排戏,就这样认识他的。临走时,我找宣侠父说:"兵荒马乱的,又没有证明,怕在路上麻烦。"他说:"这好办,我给你们写封介绍信,平凉专区的专员我认识。"平凉专区的专员是国民党专员。他写的信,现在还在萧军处,这封信可以找到的,信上是不是用宣侠父的署名记不清了。宣侠父在抗战后期,接近抗战胜利的时候被国民党特务杀害了。我在新中国成立后,一次在东四偶然买到石达开的字,上面有宣侠父的题字。据说他是抗战前在彭城的小书铺买的,题字是他的真迹,我保存至今,石达开字也是清代咸丰年间的真迹。宣是八路军西安办事处的高级参议,这个人也没看到纪念过他。

我买票乘一辆公共交通汽车从西安出发的。我当时没有钱,萧军有钱,在路上吃早点都是萧军付的钱,住旅馆也是他付钱。走到平凉,住了两天,萧军持信去找那个专员,我们被安排在一家旅馆住下。临走时,有国防部到兰州设电台的两个人连同电台一齐上了我们的汽车,电台还是摇马达的。我的印象他们是在平凉上的车。当汽车走到六盘山下面的和尚铺时,下起很大的雨雪,这是1938年春天。汽车不能行驶了,我们住在一间放牲口铡草饲料的房子里过夜。那两个国民党军官跟我们住在一起,他俩一路上跟我们套近乎,还给我们拍照片,真是讨厌,我们不理他。在路上看到清朝左宗棠进军新疆时栽下的柳树,叫"左公柳",真是奇形怪状的老柳树。从柳树上我受到一个启发,我想到舞台上的布景用树的姿态,在用景上表现人的感情不是很好吗?这样,树在舞台上就成了有生命的了。

在六盘山碰上了叫花子,拿着呱嗒板儿,赤着脚,边走边跳边唱,给我印象很深,唱的是民歌。我是随处搜集资料无处不留神的,这首民歌叫《花子》。山路难行车,有一段人下来走,都能跟得上汽车。上了山就是华家岭,很高的山上,这一带很荒凉,老百姓极穷。路上很不平安,有土匪出没,过路汽车常被土匪抢光。我们在华家岭又住了一天,住在老乡家里,吃的面没油也没盐。一个小脚女人跪着走路，面里头只放些辣椒面，做得很难吃，那个妇女有三十多岁。离开华家岭，第二天就到了甘肃兰州。我们都住在王德芬家里。那时候有个白危，是在上海认识的小说作家，上海抗战时，他是个机枪射手。白危当时跟王德芬的姐姐王德谦有点儿恋爱关系，就这么个关系住在王的家里。去兰州的关系都是白危牵的线。到兰州的第二天，我们到民众通讯社找丛德滋去玩，也是白危带我们去的。那两个国民党电台的人也到丛德滋家里去了，名义上是找我们去玩，可是一到丛家，就被丛领到一个小屋子里谈上了，这件事不是很怪的吗？真奇怪！隔了若干年后，在"文革"前有一天，来了一位陌生的年轻人到家里找我，自我介绍说他叫丛甘，是丛德滋的儿子。他的父亲已经死了，要成立纪念馆纪念他，来搜集他父亲资料的。我说："我是非党员，没有资格回答你这个问题呀！"我问他："你父亲在党内做什么工作？"他告诉我是搞秘密电台的，专门跟苏联联系的，直接由谢觉哉领导。前后一贯联起来，才在我的脑子里想到国防部的那两个电台人员和丛德滋的情况，解开了这个多年的谜。就在这之后不久，湖南又来人外调，我回答说有那两个人，不知道姓名。外调人员说："他俩要求入党。"其实说的是假话。在这前几天，王德芬到家里来，才知道那两个人是烈士。原来我讨厌的那两个"国民党"的电台人员是共产党啊！"文革"期间，甘肃有人来外调，说丛德滋后来去延安了，问我："你知道不？"我说："完全瞎扯！你这个材料是假的，是从国民党那方面得来的。"我告诉他："什么丛去延安，他是让国民党特务给弄起来了，关押在重庆白公馆，特务下毒药给毒死的。"因为我已听丛甘说过这件事。说他父亲牺牲后，国民党特务追捕其母子，他和他母亲跳了火车，他的手骨至今还留下残疾呢！所以我说："这件事情要查清必须找谢老（谢觉哉）。"

民众通讯社为我们一行到兰州发了一则消息。后来我还搬到通讯社里住了一个时候。通讯社里有一位记者，叫于谦的，我跟他认识，他一天到晚总打麻将，赌不了多少钱，打完了就拿钱买小菜喝酒。这中间，伍云甫常到丛德滋那里去。丛跟国民党的许多上层人物都认识，说起话来，知道他是东北人。他原在东北军里工作，后来到兰州的。他给国民党在兰州的特务头子当秘书，这是他的公开身份，所以我们当时就以为他是国民党的人了。但他表现很进步，跟八路军办事处主任伍云甫很熟，伍常去看他，也在他家看到了我们。因伍云甫知道我要到新疆去，有一次，杜重远和盛世才的老丈人从兰州路过，住在八路军办事处，伍仁甫通知我说："现在有个机会可以捎个信。"我就写封信交给盛世才的岳父带给盛世才，盛回信表示不欢迎，他是把我误认为共产党了。信中说："新疆是个抗战的后方，还是希望在前方发挥作用大。"这封信我一直带到延安，到延安后我还是想去新疆。记得我跟王明说过："我还想去新疆。"王明说："塞克先生当然是喜欢自由的，但我还是希望你能留在延安。"

杜重远后来在新疆被盛世才给害死了，他是东北人，实业家，他到新疆去是办工业的，他是救国会的，在上海写过《闲话皇帝》发表在《新生周刊》上，是很有名的。

在兰州时，我们常到黄河边上去玩。这时，萧军就与王德芬搞起恋爱来了。不久，萧军与王德芬就走了。临行前，萧军写了一篇文章，骂张国焘。张国焘叛变的消息刚传到兰州，审稿时，张国焘的名字用了×××，但萧军离开兰州前，一个人跑到排字房，把×××换上"张国焘"三个铅字，报纸发出去引起一场轩然大波，总编等被撤职，立即通缉萧军，此后，我们的行动也被当局严加控制。当时我写出的信件全部被检查。这都是他捅娄子引起的后果，他做事只图一时的痛快，不顾后果的。这是1938年春天的事。王德芬的姐姐王德谦，当时是个活动分子，国民党市党部书记、省政府的秘书长、省主席、参议、朱绍良她都认识。朱绍良的司令部驻五泉山上，他们在那里欢迎我们。我记得请客时参加的有孔军长，他是个大个子，朱绍良的参谋长，还有书记长、秘书长等人。萧军、王洛宾、罗珊、朱星南等都出席了欢迎会。会上，我认识了朱绍良的一个参议，名字忘了，他是河北人，老头会弹古琴，会写毛笔字。我离开兰州前去看过他，还送我一副对联，样子很文雅。

萧军他们走后，我被甘肃省政府的血花剧团请去排《突击》。当时多亏没去新疆啊，赵丹在那里不是也被逮起来了吗？茅盾那时在新疆，看情况不好就走了。若不是他走得早，也会给逮起来的。

当时，王洛宾、罗珊夫妇参加了血花剧团，朱星南为《突击》这个戏的演出做舞台工作。我还给血花剧团写了团歌，由王洛宾谱曲，这是个国民党的剧团。后来，又排了《八百壮士》，这个戏是救亡演剧一队出来之后写的，在沿路上写的，沿路演出此剧，内容是保卫四行仓库，这是"八一三"抗战时，打得最激烈的一次有名的战斗。当时，我们认为，不管你是什么剧团，只要你演抗日的戏，咱们就干，管你国民党不国民党呢！

血花剧团不久就出发去宁夏演出了。剧团团长是个大个子，他跟我很好，表现得很进步，但我们当时却把他当成了国民党，很冷淡，特别讨厌他。他会木刻，我记得他会拿修脚刀刻，说明书的封面就是他刻的。后来，知道他在甘肃解放时做了一件很有贡献的事情，因而暴露了身份牺牲的。新中国成立后，在甘肃为他举行了很隆重的追悼会，这才知道他是共产党。剧团走后，我就住在民众教育馆里，那是一间大屋子，这时新安旅行团也走了。我整天没事做，我写了《抗日先锋队歌》，王洛宾作曲，新安旅行团先唱的，其后发表时误写成星海谱曲。歌词是：

    国土在我们脚下，
    敌人在我们眼前，
    救亡的责任担在我们两肩，

....

那时，真是把民族的命运扛在自己的两肩，真有那种气概！有一个国民党通讯社的，记得叫陈万里，他介绍我见过一次朱绍良，给我一个甘肃省戏剧审查委员会委员的头衔，可能给五十元的工资，仅够我维持生活用的。从此，我就住下去了，实际上没有工作是个空衔头。国民党省政府搞了些假民主，常开座谈会，我参加座谈会时，认识了谢老（觉哉），我问他怎么办，谢老说："你就找他们，跟他们要饭吃，要工作。"

在这期间，出了一个非常可疑的人叫孙敬慕，这个人做朱绍良的顾问或参议。朱是黄埔一期的，复兴社的。孙敬慕的头衔是上校，丛德滋通讯社的人跟他很接近，我们也认识他。我的印象，丁玲曾对我说起过此人，他会俄文，可能是留苏的。这个叛徒认识很多共产党员和进步人士。有一天半夜里，约我到黄河边上一个果园里，跟他同去打枪玩。那里没人迹，不知他是什么意思，对我是一个威胁。那天我真是紧张，当时给一枪，谁也不知道，想起来真有些后怕，他的这种举动绝非偶然。

盛回信后，去新疆的念头断了。在兰州待下去没有意义了，这时我又想回西安。正在这时，傅森（陈赓大将的大舅子）到了甘肃，找到民众教育馆见到我，我们仅在西安见过一次面，我不知道他这次来兰州干什么，也许是专程来接我的吧。谈起我回西安无处居住的困难，要求住他家，他答应了我的要求。这时已到了秋天，是1938年8月左右，临走前，我到省政府找秘书长丁宜中（王德芬的姐夫）拿的护照，朱绍良的参议（我认识的那个河北人）也是个老军阀，曾经打过四川军阀，他和丁宜中请客送我们。我们坐公路局的汽车到平凉，就住在公路局。碰到了李玛丽的弟弟李德明，他是在国民党空军里当翻译，很苦闷。我当时奇怪他没去过苏联，为什么俄文那么好呢？后来知道他在哈尔滨念俄国中学。那天他跟我住一道，我俩谈了一晚上。临走时，我给了他一部柴霍夫（契诃夫）的俄文版全集。这个人一直到今天下落不明，他家里也没找到他。

王洛宾十六岁时，我们在哈尔滨认识的。1929年我在满洲里准备去苏联，他也追我到了满洲里，他抵达那天，正好我要回哈尔滨去，我就把他撂到那里，只身回到了哈尔滨。他在监狱十五年服劳役，有时一天搬运两万多块砖，他还收集新疆哈萨克等少数民族民歌，很乐观。他现在是个新疆民歌通。去年，甘肃到北京演出的歌剧《带血的项链》，就是王洛宾作曲的，他现在又到新疆写一部大型歌剧去了。1929年我在哈尔滨排演《北归》时，剧中两首插曲是他谱曲的。

七

在西安期间，我给东北救亡总会排了一个戏，是熊佛西的剧本，名字叫《中华民族的子孙》。他们准备组织一个演出团体到前方去。在这个戏里演女主角的演员名字我忘记了，后来他们在白洋淀活动时，她化装成农妇，通过日本的哨卡，被日军扯下假发髻后，当场就用刺刀挑死了。卢肃的爱人管林当场目睹了这一切。①

我在东北救亡总会碰到了在哈尔滨《晨光报》的老友韩乐然，他单刀直入地向我提出："你去延安。"在这前后，丁玲也常来信欢迎我去延安，所以我就答应了。他就跟八路军驻西安办事处联系，办好了我去延安的关系。当时办事处处长是伍云甫，秘书居正。离开西安那天还碰上了日本飞机轰炸，在省政府的小城墙里轰炸，我蹲在八路军办事处门前的坑里躲避轰炸。

---

① 路玲，中共党员，江苏省人，火线剧社导演。1942年反"扫荡"中，在一次剧社转移时被日军刺死于白洋淀，牺牲时年仅二十五岁。

在西安我排《中华民族的子孙》时，碰上了去延安途经西安的星海，我俩写了《东北救亡总会会歌》，发表在救亡总会会刊上，这首歌现在已经无法找到了。那时星海很穷，傅森通过我的关系认识了星海，他给星海一件大衣，星海很犹豫。到了延安，我问星海这是怎么回事，他说："傅森这个人不好，是国民党特务。"以后，在我的心目中就永远把他当成特务了。其实他是为了掩护自己，他给党做了很多工作，可是背了很多年"特务"的名字。

我去延安的介绍信是写给林老的，信封上写着边区政府主席林伯渠。内容很简单，只写："今有塞克先生去延安参观，请予接待。"车到咸阳，国民党宪兵盘查过往车辆，跟我同车的抗大、陕北公学的学生盘问很严，我把信拿给他们看，装作爱搭不理的样子不看他们，只问了一声我随身带的一只皮箱是谁的，我说是我的，他连看也没看就走了。信是写得很技术，称我为"塞克先生"，显然就不是共产党，因此宪兵对我很客气。林伯渠真是一位品德高尚的革命老人，他用革命品质来感人，他不讲大道理。

车到延安刚停下，就碰到王若飞，他看着我的样子奇怪，就问："你是干什么的？"他像刚喝过酒的样子，我没回答他，就拿信给他一看，我也没有下汽车。等一年后，我们熟了，一次在王明那里喝酒，有王若飞、徐冰。王明还拿出斯大林寄来的一木箱香肠，先喝淡酒，拿茶杯喝。王、徐是延安有名的酒鬼，喝着喝着就上了烈酒，还要用大杯子喝，不喝不行，这回可把我灌醉了。在喝酒中就跟王若飞说："那一天我差一点儿回去，感到延安人这样不客气呀！"徐冰说："王若飞丢了马，那天跑到南门外找马去了，在那里碰上你的。"王明称我"普希金"。我喝醉了，在回去的路上掉进延河里，把鞋子都搞湿了。

刚到延安时，我住边区政府交际处，睡的是临时用木板搭的床铺。头一天，敌机就来轰炸。毛主席来到住地看我，说："我们这里物质条件不好，接待不周。"他用手拍着床板说："如果不嫌弃的话，希望多住些日子。"我听后笑了笑，没做回答。有一天，在抗大操场清凉山开欢迎会，我跟李公朴的老婆坐在一条板凳上，李公朴坐在旁边的一条板凳上。罗瑞卿致欢迎词说："今天我们开这个会，是欢迎李公朴先生、塞克先生及其'夫人'……"李公朴就咯咯地笑。他把李的夫人当成我的老婆了，闹了个大笑话，大家都捧腹大笑了。我住交际处，差不多天天都有请客的，不是边区政府，就是党中央，我当时一概不回拜，哪里也不去。有请帖来请吃饭我就去，我整天拿着一根棍在延河边溜达。

住交际处是临时的，不能久住。后来，鲁艺院长沙可夫和吕骥到交际处找我，跟我谈去鲁艺工作的事，我发了一通脾气，说什么也不去。因为在上海我就讨厌的那个人在鲁艺，此公不写，不导，人家写了戏，他就批评，说现成话，他在鲁艺我就不去。那时左明在延安鲁艺，本来我俩很好，就因为他跟此公一道搞戏，所以我讨厌他。我去鲁艺看星海，走到左明门前我就不进去看他。他在延安待了不久，很快就离开了。当时我在延安，若不去鲁艺也没有什么地方好去，没法安排，后来没办法，我还是去了鲁艺。其实，后来在延安多年，也跟此公合作过。

我的脾气大，在延安杨家岭从上到下没人不知道的。我刚到延安就碰上了玛莎①，我接近她的时候，很多人反对，向我提出抗议。头一个是田方，他说："这个人政治上有问题，不要接近她。"丁玲是顶反对的，她说："好的姑娘多得很，你为什么接近她？"玛莎在延安的名声很不好。我听了那些劝告，很生气，心想："你们都来了，干什么呀！我就不信，就要看看这个人到底怎么样！"我是为了一口气，跟她结婚的，根本不是恋爱。那时我的警惕性很高，就不

---

① 玛莎：原名陈克辛，在延安整风时已查明没有政治问题。

让她单独出去，有时我出去，就把她锁在屋子里。这叫人家说我怪嘛！后来，康生解决我们的问题，我对康生说："我不能人云亦云，别人说什么我就信什么。"不过，我和玛莎也没有共同生活多长时间，就分手了。

1942年，在延安要召开文艺座谈会前几天，毛主席找我谈话，我就提出有拿枪的站岗我不去。嘿嘿，这可有点儿荒唐！这是在国统区对付国民党官僚的办法，对人民领袖这么做可就不对了。对那次谈话，邓发同志劝我："去吧，不去不好。"并说："我陪你去。"于是，我就去了。在路上，碰到了青年剧院的学生问我："塞克同志你去杨家岭吗？"可见，这件事情传出去了。到杨家岭沿路岗哨全撤了，我到达后，见主席在门外等我，我感到很惭愧，快步走向前去跟毛主席握手。别人告诉我，毛主席嘱咐门岗说："我的朋友来看我，你们不能挡驾。这位朋友脾气可大呢！你一挡驾他就回去了，那你可吃罪不起呀！"我到主席住处正是吃午饭的时候，屋内正对面摆着一把藤椅，他让我坐正面，他坐旁边。桌上摆了一只炖鸡，主席撕下一只鸡腿给我吃，一边吃一边谈。正谈话中间，彭真进来给主席送药。我一个人谈，主席听了四五个小时。江青过来说："谈论古今呢！"并说主席对这些"不懂"。已经谈了很久了，我说："我可以走了吧？"主席不说话，我就走了。

周副主席对我写的救亡歌曲很是欣赏的。一次在延安机关合作社周副主席请客，他见到我老远就打招呼，饶有风趣地说："有名的塞克先生。"还在我心爱的手杖上签了名，我把它刻在上面。这根手杖是酸枣木的，1937年"西战团"在万安镇时，我在城墙上的酸枣树上弄来的。在这根手杖上延安文艺界人士的名字都签满了。可惜呀！我们从延安到东北去，走到张家口时，张仃给弄丢了。

以前，常在中央机关合作社宴会时碰见毛主席。1938年开"一二·九"纪念大会，李昌是一二·九运动的领导人之一，他主持大会。毛主席在这个大会上发表了《青年运动的方向》的著名讲话。我刚到延安,我在主席台上,要求我讲话,我没讲。会上,毛主席号召开展大生产运动。开完会,在机关合作社吃饭,有毛主席、李昌和我三个人一起吃饭,喝酒,这是头一次跟毛主席喝酒。有几个年轻人找我们签名,有个女的,是阎宝航的女儿,拿出本子要我签名。

在这个会上,毛主席第一次提出开展大生产运动,我是在毛主席的启发下写的《生产大合唱》。1939年春天,我在延河边玩,想起要写《生产大合唱》。那个时候,星海也常说:"塞克先生,你要写个厉害的有分量的东西。"我想,什么是有分量厉害的呢?冲啊!杀啊!前进啊!这又有什么意思呢?于是就想到大生产运动。可是我写什么东西,主导是什么?我决定写生产跟抗战的关系,人民生产支援抗战的喜悦,亲切感,这才是最有力量的。我酝酿成熟了,一天,我吃完了早饭就动笔写,到晚上点灯时,便一气呵成。我写完了歌词,星海也以极快的速度谱了曲,他写东西速度很快。《生产大合唱》于1939年春写出来了,由鲁艺演唱,星海亲自指挥的。这个大合唱一出来,就在延安掀起很大的波澜,一下子就流传开了。那时,延安的各行各业、男女老少都在传唱,因为群众感到它亲切,听了演出,会给你留下很深的印象,触发了人民本身的感情。像《二月里来》的:

二月里来好春光,
家家户户种田忙,
指望着今年的收成好,
多捐些五谷充军粮。

还有《酸枣刺》,从那时起一直唱到今天。星海只用了一个星期的时间,就谱写了《生产大合唱》。

星海是个穷孩子，他一辈子追求音乐，他曾在岭南大学领导一个管乐队。为了学习音乐，去北平找过萧友梅，萧不要他，便来到了上海，参加了明月歌舞团①。我和星海是在1928年南国艺术学院楼下的一间房子里见面认识的。同年，在南京演出田汉的《南归》时，星海担任该剧的伴奏，拉小提琴。那时他还不会作曲，我们是1929年在上海分手的，我回哈尔滨，他去法国学作曲。我从苏联回来，于1933年到上海，1935年星海从法国回来，我们在上海又相会了。从此，我俩开始合作写抗日救亡歌曲。星海创作思想的确定，受田汉影响是很深的。他当时的思想上还是糊里糊涂的，经过田汉的启发，他在创作思想上很快就明确了，《流民三千万》是星海回国后在上海与我合作开始写的第一首救亡歌曲，这首歌最早是在1932年我在东北开始酝酿的，我回到上海后的1934年才写出来的：

　　殷红的血，映着火红的太阳，
　　突进的力，急跳着复仇的决心。
　　我们是黑水边的流亡者，
　　我们是铁狱里的归来人。
　　暴日的铁蹄踏碎黑水白山，
　　帝国主义的炮口对准饥饿的民众。
　　青天已被罪恶的血手撕裂，
　　长空飞闪着血雨腥风。
　　我们衔着最大的仇恨，
　　我们拼着最后的决心，
　　洗清我中华民族的国土，
　　开辟条解放奴隶的先路。

---

① 据了解，冼星海没参加过明月歌舞团工作。

想想看，当时生活在上海的人，哪会有这样的感情呢？星海拿到歌词后，一气呵成就谱完了曲，由住在北四川路的何士德领导的歌咏团最先演唱这首歌，这首歌在抗战初期唱得很多。在当时的上海，突然冒出这样的东西来，是很特别的。

其后，最响亮的是《救国军歌》和《义勇军进行曲》。《救国军歌》是我与星海在1935年写的。吉鸿昌的部队唱了这首歌，傅作义的部队在绥远抗战时，指定他的部队要唱这首歌；北京一二·九学生运动游行队伍唱了；双十二事变（西安事变），在西安群众活捉蒋介石时唱了；上海救国会游行时唱了；重庆《新华日报》卖报的报童唱了；甚至蒋介石的部队也在唱。这首歌写出后没能发表，[①]但它突破了蒋介石的封锁，迅速传遍了全中国，它唱出了亿万人民的心声。这首歌词的思想明确极了：

枪口对外，齐步前进！
不伤老百姓，不打自己人！
我们是铁的队伍，我们是铁的心！
维护中华民族，永做自由人！

这首歌从蒋介石不抗日唱到了全国抗日，全国都在唱。凡是参加抗战的那些青年，没有没唱过这首歌的。我这时的思想作风整个都变了，变得明确、坚决、响亮。"四人帮"把这首歌词给改了，下令全国都要唱。马可同志听了这首改了词的歌，掉了眼泪呀！他们为什么非改不可呢？这其中有个道理，他们是要抹掉蒋介石不抗日，用心险恶！把歌词改成"跟着毛主席"，那时能唱得出吗？你的脑袋还要不

[①] 1936年7月周巍峙编印的《中国呼声集》里收录过此歌曲。

要了？他们觉得他们是最革命的，他们懂得历史吗？1935年红军还在长征途中呢！他们肆意篡改、歪曲历史的行径，真是令人发指！更恶劣的是在节目单上拿掉了原作者的名字，写上"集体改词"。须知，我们的同志是唱着这首歌跟日本鬼子拼命的，跟国民党拼命的呀！为唱这首《救国军歌》，死了不知多少的爱国志士。在西北的东北军，听了红军唱这首歌，有三个营向我们投降了，用歌声把他们给唱过来了。我写这首歌词时，正是没饭吃的时候。《救国军歌》的得名是有其历史缘由的，原来东北军驻延吉的一个营长王德林起义后，这支起义队伍就叫"救国军"，那时的地下党员李延禄是这支部队的参谋长，王德林从前当过土匪，在东北被收编的。他是个山东干巴老头，对山区特别熟悉。到成立抗联时，救国军就剩下了李延禄，这首歌名就是这么想到的。

1939年春，一天我到星海那儿，看到他桌上放着一部《黄河大合唱》的诗稿，星海告诉我那是前几天一位刚从外地来到延安的青年[①]送来的，想请他谱曲，他让我看看谈谈意见。我看后，感到这个青年很有激情，很有潜力，这部歌词中黄河这个形象很有气魄，新颖不俗。我建议星海一定要认真对待，随后，星海仅用了五六天时间就谱完了。这部作品后来很快传遍延安，传遍全国。

我在延安修改《流民三千万》时，加写了一首剧中插曲《满洲囚徒》，星海为这首歌谱了曲，是鲁艺的刘炽、陈紫那一期毕业时演唱的。1939年鲁艺纪念"九一八"，演出了《流民三千万》。

我和星海在1937年从上海分手，1938年在延安相会。自星海死后，我就难得动笔写词了，因为我失去了最亲密的合作者，别人都不像星海那样理解我。星海懂得歌词的含义，他理解为什么词作者要这样写，为什么要用这个词汇，为什么词作者一定要这样表达。星海拿

[①] 这个青年即光未然，原名张光年。

到歌词，总是先研究、体味歌词的内涵，掌握歌词的精神和情感，挖掘歌词提供的形象基础。然后，再开始为"这一首"词来谱曲。他对自己永远是没有框子、套子的。他总是根据新的词，创造新的音乐，进行新的探索和实践，因而他能写出众多的但绝不雷同的、符合歌词个性又有特性的曲调来。星海去苏联我是知道的，大概是1940年春天吧，我和星海在桥儿沟的后山沟正在研究歌剧《滏阳河》的作曲问题，他和我说他要去苏联。我问他："决定了吗？"他说："已经决定了，可能最近就走。"我心里本来是不同意他走的，可是已经决定了，知道拦也拦不住。我心里非常别扭，那天的作曲问题也没有心思再研究了。过了几天在鲁艺大礼堂就开欢送会，他们通知我参加欢送会。那天我从东山上下来走到半山腰，就是没进鲁艺大礼堂的门，我一个人在延河边徘徊很久。我这时决定不给他送行。一个人闷闷地回去睡觉，也不必去说一句告别的话。我们是多么舍不得他走哇！他若不去苏联是死不了的。因为在苏联卫国战争期间是没有人管他的。他患的是肺病，若在国内，当时是可以医治好的。他在阿拉木图当音乐教员，红军1945年解放东北时，他随红军走到中苏边境病死的[①]。他赴苏的目的是深造，认为在国内写的东西既不能出版，也不能灌唱片。我当时是不赞成他走的。周副主席去苏联治胳膊时期，我才知道星海在苏联换了个假名字，叫黄训，他的墓碑就是此名，墓地戈宝权知道。星海死后，苏联将他的作品手稿全部交还给了我们，现在存放在中国艺术研究院音乐研究所内。

八

在延安时我不管鲁艺的事，当时四川的旅外演剧队在青干校，因

[①] 冼星海1945年病逝于莫斯科，遗体火化。苏联于1985年将其大理石骨灰盒送还中国。现安葬于广州市星海园。

为这里都是四川人，我们戏称之为"四川帮"，他们要排戏，就把我从鲁艺借去排戏。第一个戏是《铁甲列车》，这是反映十月革命内容的戏，伊万诺夫写的，在苏联上演过，翻译是谁，记不得了。这个戏排出来后，在刚修建的八路军大礼堂首演，以此剧演出为开幕的，演出是有点儿影响的。当时条件异常困难，特别是火车效果，是费了很多脑子的，其中有中国人拦车被轧死的情节。在舞台后面，借了几块木板，在木板上放着几个汽油桶，让人用嘴对着汽油桶叫，利用汽油桶的回声模仿火车的汽笛声音，同时，把汽油桶在木板上摇动，再用铁刷子在铝皮上摩擦，利用舞台的共鸣模仿火车的节奏，效果很像，很真实。火车运行的节奏要同《国际歌》的旋律一致，火车节奏成了伴奏了。这在今天的舞台上是很方便的了，当时在延安，可就不容易呀！所以当时一出来，使得观众感到很惊奇。有一天，在延河边上洗澡，遇到邓发同志，他说："这个戏没有你，在延安是演不出来的，因为延安没有那样的条件。"

1941年，陕甘宁边区第一届参议会我被选为边区政府参议员，同年担任边区政府文化工作委员会委员，陕甘宁边区剧协副理事长。我在延安还排过《钦差大臣》，毛主席说的"钦差大臣满天飞"，就是看了这个戏之后说的。《铁甲列车》演过不久，即1941年秋，就成立了青年艺术剧院，让我做院长。这是延安那么多团体中唯一的一个非党员的院长，也就是唯一的塞克非党员。

在青年剧院里，当时出了两个笑话：第一个是演完了《上海屋檐下》，那天的日程是总结此剧的演出，到时候我就去找人，了解群众怎样总结。等我在山上跑遍了也没找到一个人，不知他们都到哪儿去了，我就各处去找，后来在另一个山上的文化俱乐部里找到了。我一看都在那儿呢，冯文彬领导开党支部大会呢。有人看见我来了，着急了，跑出来说："塞克同志，你先回去，我们在开支部会。"我说："你们开你们的，我在这里听一听。"我就不走。这时，冯文彬生气了，宣布停会，我就更火了。我说："有什么秘密的，为什么要这样子？"我非要揍冯文彬不可。冯那时是青委会领导人，说什么我也不走，要不然全体都回去。这时，我的火更大了，因为日程是总结，他们开会也是总结，总结为什么不在家里开？我为此写了封信给毛主席，信中问他："党的负责人对这个问题怎么看法，我要不要工作？这样子我怎么工作？"毛主席把我找去了，一见我就说："你很生气吧？"我说："当然生气了！这么不通情理的事还不生气？"他说："是的，我知道你很生气，因为你负责任嘛，要不负责也不会生气的嘛！哪有队伍叫人拉走了，司令员还不知道的事呢？我本来早就跟凯丰说，青年艺术剧院的党要公开。"从那以后，剧院的党就公开了。公开时，我一看，一百多人只有三两个人是非党员，这怎么做事呢？还有两个副院长，一个叫王真，一个叫吴雪，两个副院长都是党员，也不行啊，所以当时吴雪没有公开党员身份。

　　第二个笑话就是关于成立戏剧委员会的事。延安开始整风了，发现了"很多特务"，哪个机关都有。青艺工作还是由院长领导，非党员怎么领导整风啊！学员有问题的，社会部到院里要人，跟支部一说，就把人弄走了。我还不知道，可第二天，人就不见了，这个院长怎么当？怎么领导？这个事我没闹，实际上一整风，业务都撂了，也就不能进行了。而我闹了另一件事，我感到非党员在延安是不能做领导工作的。有一次，我给中宣部提了一个意见：延安的戏剧工作应建立统一的领导，统一调配，人力物力都经济。现在是你搞一套，我也搞一套，本来人力物力就不足，这个意见是通过冯文彬同志提的。冯回答："我把你的意见转达给凯丰同志了，他说你的意见很好，很有道理。"那就等着他如何做如何改变了。过了不久，宣布了戏剧委员会名单，在中宣部的系统里，成立了戏剧工作委员会，我一看就冒火了。因为周扬做主任，张庚等鲁艺的教员都在里边，唯独没有我这个非党的塞克，这回我发了大脾气了。我说："不这样不能把塞克挤得干干净净，这真是挤得八不沾边啦！"我给凯丰写了封信，提出党内的事情我无权过问，但我有权决定自己怎样做，青年剧院的工作我不干了，请你们给我准备车子，我全家离开边区。工作撂下也不管了。凯丰让乔木同志找我谈话，他说："是不是可以不走哇？"那时，延安人是出不去的，出去国民党立刻就把你抓起来的。我一想，的确是个实际困难。乔木的态度非常好，很诚恳，说："走不得的。"挽留我，我说："好，我撤回走的意见，但青年剧院院长我是不干了。"就这样，我离开青年剧院的。秦邦宪对我说："如果是我，我就不像你那样，我不表示意见。"认为我发脾气要走的说法不好。

在延安的时候，我住在桥儿沟鲁艺的对面，边区文联那里有我们一家，还有周而复、杨朔、艾青。那时鲁艺整风中有几个没地方放的人摆在那里，整风激烈时有的嗷嗷地叫，我们晚上在山上都能听到，有哭的、喊的。我就在那里种南瓜、茄子、西红柿、向日葵，向日葵长得直径有一尺多那么大呀！用炕皮土，在窑洞门前种的。

九

等到这年秋天，也就是1943年，李卓然找我，跟我说："你到党校去好不好？"我说："不去！"他说："去吧，你去看看，不满意再回来，这是毛主席的意思。愿意参加就听听，不愿意你找我再回来。"就这样到了中央党校。在党校，我的历史经审查后作了结论，由阎达开找我谈话。他说："外部的问题查清楚了，家里的事怎么办①？这是一部进步的历史，但是有污点。"他说的"污点"是指在大

---

① 指塞克的入党问题。

地剧社那段历史。我回答说:"我这也叫'污点',那还有中国人没有?咱们一边走一边吵吧!"一气之下我就走了。三部主任郭述申是一位老党员,他来看我,临走时我也不向他辞行。后来,萧三把我的委屈告诉了毛主席,萧三跟我说:"毛主席说,青年人受点儿委屈好嘛,不受委屈不会懂事的。"

周副主席从大后方回到了延安,他知道了我跟凯丰闹意见的事,他托人叫郭述申传话给我,他说:"戏剧委员会决定取消了,那个事情是错误的,你的意见很对。"那时,张如心在三部做教员,他不知道此事。有一天,我跟他谈起话来,我没跟他露这是周恩来的意见,只说事情的经过,我如何为此生气,要离开边区,等等,我还说戏剧委员会非取消不可。他气了,很恼火地说:"戏剧委员会绝不能取消!"我就说:"你太愚蠢了!有没有非党员给中央下令取消这个组织不可呢?我还不至于那么愚蠢。告诉你,这是周副主席的意见,已经取消了。我这样说,就是看看你是不是就事论事看问题,还是凭一个党员的概念谈话呢。"把他窝了一个对头弯。此人后来到了北京,在中央高级党校教书。

为什么成立戏剧委员会是错误的?错在哪儿?凯丰也是凭着党领导一切的概念做的决定。他不分析具体事实,具体事实就是一个非党的塞克,而且意见又是他提的,这样又怎么能跟党外人士合作呀?实际上也没有必要在党的机构里成立这种组织,因为你要不要成立文学、美术等委员会呀?为什么单单成立戏剧委员会?除了有害处而没有一点儿好处,更何况那时是实行"三三制",共产党、国民党和民主党派各占三分之一的时候①,所以周副主席说是错误的。这个问题

---

① "三三制民主政权"是在抗日战争时期,即1940年后在解放区实行在政权的人员分配上,"共产党员占三分之一,他们代表无产阶级和贫农,左派进步分子占三分之一,他们代表小资产阶级,中间分子及其他分子占三分之一,他们代表中等资产阶级和开明绅士"。(《毛泽东选集》第745页)

就这样收场，我也就消了气啦。到沈阳后，我跟刘芝明、陈其通谈起这件事，陈其通听后说："塞克好厉害呀！"

延安鲁艺排苏联戏《带枪的人》，张如心让我做顾问，我说："不行，我不去。"他说："塞克同志你得服从组织嘛！"我说："那是瞎扯，都搞的是些什么呀！我就不去。"

十

1944年，《白毛女》首次演出①，是在中央党校的大礼堂，第一次排演是舒强、王大化做导演。头一天看了演出，第二天他俩到党校找我，征求我的意见。这个戏实际上是经过全党的力量来完成的。枪毙黄世仁是周恩来同志提的，因为那时政策是统战，减租减息，周副主席说："他是个恶霸，应该枪毙他嘛。"

那时在党校看戏后，各支部都展开讨论，把各种意见汇集到一起，再研究修改。《三打祝家庄》《逼上梁山》都是这样产生的，我都给他们主持过讨论会，朱瑞就是在汇报《逼上梁山》时认识的。刘芝明召集会议，我们给这两个戏出主意，想点子。刘芝明是搞社会科学的，对艺术一窍不通。《白毛女》演过后，他在《解放日报》上写了篇文章，我看了文章后跟他谈，他把剧情不紧凑归纳成是小农经济造成的原因。剧情不紧凑，是个戏剧结构问题嘛。那天，我对他那篇文章提了十几条意见，每谈完一条，我都问他这个理由能不能成立。等分析完了之后，他说："这些都是经验之谈哪！"

到了东北，有一次他写什么报告，我就给他改，改了之后，他就照修改稿讲了。在东北成立文化部，他做了部长，当了部长在延安的谦虚劲也没有啦，姚仲明在延安写了个剧本，我帮他改了好几个月，

---

①《白毛女》于1945年4月为中国共产党第七次全国代表大会首次演出。

这个剧本叫《同志，你走错了路》。姚在《解放日报》写了一篇文章，谈这次改剧本的事；刘芝明当时也说这个剧本改得好。现在，姚在对外文委当主任，解放战争时做烟台市市长，新中国成立后做过驻缅甸大使。

在延安，我也是闹的，这跟萧军的闹是完全不同的，闹到了通天的程度，从我身上使党获得了跟党外人士合作的许多经验。"文抗"后来开会批判萧军，丁玲、我和周扬三个人做主席团，他不出席会，我和周扬去找他，萧军拔出一把刀子插在桌子上跟我们讲话。那天他还是到会了，他一进会场就讲，讲完了也不听别人意见，抬腿就走了，他这个人就是这样。粉碎"四人帮"后，北京市委给他平反时，找我征求意见，我不知道刘芝明给他做的结论，调查的人说了我才知道。我说："无论怎样萧军也不是反革命，他从东北拿着《八月的乡村》，冒着生命危险带到了上海，怎么能有这样的'反革命'呢？"

还有一次，延安演《日出》（鲁艺排的），我反对。我说："延安是什么地方，全国都瞪着眼睛看延安哪，延安怎能演与抗战无关的戏？今天我们条件这样困难，一个钱当作十个钱用，为什么演这个戏？"王明说："有人说延安演这个戏不对，我看这是无产阶级的戏。"我回答说："劳动者要看什么劳动者，他们被欺骗给潘经理盖大楼，能不能拿到工钱还不知道呢！这是在解放的道路上前进中觉悟了的劳动者吗？戏中只有一个'革命者'——方达生，如果革命者都像他那样，革命早就垮了。"又说："如不信，请中央领导都来看，演一段我讲一段。"这些话是在康生请我吃早饭时，我对他讲的。他对我的见解很佩服，我记得康生当时说："你对国家民族的情绪很高昂，可是你对无产阶级的嗅觉这样敏锐是怎么来的？"他觉得奇怪。后来我想起他的话，他一定以为我从前入过党而又"脱党"的。其实，我从小就接触过社会上各阶层的人，地主、官僚、政客等，他说："这就对了！"他翻出了《列宁选集》中的一句话，大意是：一个革命者只知道无产阶级的苦处,他不能成为一个坚强的革命者。他必须尝受社会上各个阶级的滋味,才能成为一个彻底的革命者。我们正谈着,叶剑英有事找他,他将叶推了出去,说:"你先出去,我这里有朋友。"叶当时正做八路军参谋长,才四十多岁。

十一

  抗战胜利的1945年8月15日,日本宣布投降的那天,延安城都沸腾了。朱总司令一天下好几道命令,什么受降敌人的,什么大踏步前进的,全是用号外形式张贴的。人们高兴得不睡觉,都跑到街上去了,在屋子里待不住了,哈哈,那股子高兴劲呀,就别提了!卖东西的小贩也不叫卖了,一边扔一边嚷:"我们胜利了!""日本投降了!"人们激动的声音颤抖、流泪,有的农民就沉默,无法表示高兴的心情,就烧起一大堆火,看着火发呆,这种感情很深沉哪!各机关都在开通宵的跳舞会,那天我们串了很多地方去跳舞,最后在西北局一直跳到天亮。因为我们想的还准备打几年的,而日本人突然投降了。

  最早往东北去的是彭真,派飞机接他,我们看见飞机起飞。然后紧接着就是东北局的一些干部都分批出发到东北去收复失地。后来就组织东北文工团,舒群带队,沙蒙、王大化、刘炽、王滨、华君武等五六十人。这时,我非常想念哈尔滨,这种感情是强烈的,不是想哪个人,而是想哈尔滨这个地方,我就提出要去哈尔滨。我不是跟文工团一道,而是跟去东北的干部队一起北上,干部队里党校各部的人都有。党校给我买了马,配备了马夫,是中央党校黄火青秘书长主持办的。团级干部在地下跑,不给配备马。娜娜是在延安生的,她在马上问我:"爸爸你上哪儿?"我说:"上哈尔滨。"她问:"哈尔滨在哪儿?"我指着前面说:"很远哪,在山那边。"这一路,可有的是笑话了。

头一天，离延安只走了四十里，住在一个小镇上，地名想不起来了。第二天早上，我拿着肥皂、牙刷、毛巾洗脸，洗完脸把牙具一撂就走了，不习惯哪。第二天却才知道我把牙具撂在街上了。头一天骑牲口也不习惯，累得我腰酸腿疼的，不适应。

我从青化砭到绥德，那些地方实在很险要，我们走了快有一个月的光景，才到黄河边。后来逐渐就走得快了，一天走五六十里。黄河水真是厉害，离着十多里地，就听见黄河水轰轰地发出巨响，我们是在碛口渡河的。黄河真是不好过！那个地方水流还是比较平稳，在碛口过黄河，渡船是方形的，船夫都光着身子，只穿一条破旧的裤衩，不穿衣服。到激流中真是在紧张地拼命，水都是大旋涡，一船有二十几个小伙子撑船。

过了黄河到兴县，休息了几天。在那里听说毛主席飞往重庆，跟国民党谈判的消息。当时山西有的日军还没投降，有的地方被国民党占着，走到什么地方都由当地地下党带路，经过一些地方，敌人在暗中打冷枪。我们是一支很庞大的队伍，是党校的干部队。

走到山西五寨，那天早晨我到饭馆子吃饭去，饭馆子的人问："你是延安来的人吧？"我说："是呀，你怎么知道？"他说："我一看就知道。"我后来一想，他是从我的服装看出来的。我们穿的衣服都是延安用羊毛自己纺织的，只有延安有，那种衣服军事博物馆里有保存。还有一天在路上，在山沟里碰到一支队伍，队伍问我们是哪儿来的，我回答："延安。"他一听到我的话就回答说："啊，娘家来的。"从这句话中看出他们对延安的感情啊！记得有一天晚上过汾河，那个村子里的碉堡还有敌人。敌人在村南头，我们在村北头过河。日军这时心虚，不再猖狂了，在碉堡里把收音机放得很响，他们知道有人过河，但不敢出来。我们的机枪都瞄准碉堡，村里的民兵封锁了各路口。老百姓摘下自己的门板，人站在水里，抬着门板架起一座桥，让我们踩着门板过河,是在夜里过河的。

山西人民的生活真是苦哇,有些地方连一点儿水也没有。过封锁线之前,我们住的那个地方老百姓一年到头吃下雨积在水坑里的水。家里挖个坑,把水存在里面,叫水窖。一年到头就吃那个水。农村妇女没有火柴没有针,给她一根针,她就感谢得不得了。可是山沟里到处是煤,在地里扒拉扒拉就捡煤。还有的地方妇女就抱着孩子在路边哭,没有吃的。我们的同志从身上脱下自己的棉衣服给那个妇女披上。苦到什么程度,有的中年妇女、大姑娘、小媳妇没裤子穿,有的一家人穿一条裤子,谁出来谁穿。大姑娘、小媳妇拿两块板,前后一挡就出来开会。

过同蒲路的封锁线时,铁路线上还有日军。头一天太阳还有一竿子高的时候出发,等到半夜一两点钟的时候,才走到铁路线上,第二天天黑时分到了广武。这是一天一夜走了一百八十里地,过了封锁线还得走到安全地带的广武才能休息。我们那天很平安地过了封锁线,白凌他们过了三四次才过来的,因为敌人在打他们。我们干部队伍没有武装不带枪支,就是空人走。走到繁峙,另一边是应县,那天我们是在山中间走。当时繁峙是未投降的日本人占领着,应县是傅作义部队,贺龙部队也在这一带,傅作义在县城里。我们走着走着传来消息说:"繁峙的日军出来了。"我们就停止前进,在山上休息,等待日军过去再走。

有一天,走到一个县城,城门关闭不让进,怎么说也不让进,几经交涉才准进城,原来这不是自己的部队。我们走到天镇就上了火车,火车是直线到张家口的。坐火车可出笑话了。我的勤务员是绥远人,十七八岁的男孩子,原是党校的司号员,他没见过火车,他高兴了就到外面去吹号,不高兴的时候,就坐在屋子里的床上吹。坐火车时,跟另外一个勤务员坐火车头,他认为坐在火车头上威风。后来他就爬到车顶上去,沿途火车竟钻山洞,车头冒出的烟很大,还有火,于是两个人相互抓得紧紧的,烟呛得待不住了,就想跳车。等出了山洞,脸上都脱了一层皮,煤烟熏连火星子烫得都掉了一层皮。我的那匹牲口也倒霉,这个勤务员不高兴他就不好好喂,头一天喂不好,第二天牲口就不好好走,他就死乞白赖地打它。我看这孩子素质不坏,路上我就给他讲高尔基童年的故事,后来就变得很老实了。

有一次,差点儿撞了车。丁里他们战斗剧社在张家口,接我们到剧社去跟群众见面讲话,那在当时是一辆很漂亮的小汽车,我坐前边,走到一座铁桥,司机不知道走哪边了,他驾车晃来晃去的,咣当一声撞到桥的柱子上,把车灯全撞碎了。还有一个人,他披着大衣,在街上检查军警风纪,他让司机穿好衣服,问他是哪一部分的,这司机说:"我是'不宣布'。"纠察队员说:"啊,你是中宣部的?"我们听后都为之大笑,这个人很调皮的。

我们挺进的路线是横越山西,走到承德。从张家口到热河,是沿着敌人战时开辟的公路通过的,两面都是大山。在承德住在旅馆里,我的勤务员又闹了笑话。那天吃鱼,绥远有些地方老百姓是不吃鱼的,这个小鬼从小到那时没有吃过鱼,吃鱼他用筷子夹一大块放在嘴里,刺扎到嘴里,他说:"这玩意儿吃不得,扎人。"

到承德我被留下,离开了干部队,留下做热河省的文联主任,那时认识了王昭。冀热辽军区在承德,赵毅敏做宣传部长。这时,解放战争打起来了。在平泉打起来,热河当地的队伍调上去才顶住的。我跟王昭是去东北之前结婚的,当时省政府副主席结婚一个钱也没给,而我结婚是赵毅敏办的,弄了几桌酒席,承德市长、热河军区司令萧克、赵毅敏都参加了婚礼,可惜没留下照片。

在承德过了几个月,1946年4月,就是我们刚结婚不久,赵毅敏就通知我去东北,并告诉我,路上有一段路有土匪,我也不管那些。大概是4月里,徐一新(后来曾做过新中国的外交部副部长)带队,走到通辽就紧张了,在榆树林子就碰到土匪了,有一股内蒙古骑匪扇子面形包围我们的汽车，徐一新指挥准备反击。正在紧要关头，汽车坏了，跑着跑着不走了。人都从车上跳下来，嘿，我们这一行动，搞得土匪的马队不知怎么回事，不追了，他们也停下来了。离老远就看见一个人在野地里横着走，走几步，就蹲着看一会儿，再走几步，骑兵停在那里不动，可能看到我们汽车上有机枪，共有百十来条枪。他们看了一会儿，不敢前进，马队自己就走掉了。那天，我们的汽车在沙坨子走了一天，没碰到一个人，也没见到一个村庄。到郑家屯之前，有几个穿军装持枪的人，叫汽车站住检查，车上下去几个带枪的小伙子，他们见状不好，就软下来了，说几句话就走了。他们是当地政权的武装，因为事先没有能够告诉他们我们是什么人。到了郑家屯，找房子时，碰到"西战团"的郎宗敏，她是位女同志，她帮我们找房子。有一次我们出去吃饭，碰上一个军队上的头头，很厉害。我们在吃饭时，他看王昭穿老百姓的衣服，问我们是什么人，我们说是从延安来的，不信就到司令部去问，这才不再追问了。

后来就到了白城子，碰到了李富春同志。头一天晚到达时，李富春说要我们去长春，第二天早上出发时，就改变去哈尔滨了，因为这一天正是我们战斗部队从长春往哈尔滨撤退。到了哈尔滨没几天，就向佳木斯撤退，我们的战斗部队全部往北撤，国民党已经到了双城。这时，延安鲁艺的全班人马到了哈尔滨演《白毛女》，结束了演出后，鲁艺就搬到佳木斯去了。凯丰同志要我去鲁艺做院长，我不干，就派萧军去了。

到哈后，我到任白鸥的旧居闽粤会馆去找他，楼底下是先施公司，他住楼上。我穿八路军服溜达着就到先施公司打听任白鸥，这一问可把这家买卖吓惊了，交头接耳地不敢回答我的话，我见状没有再说什么就退出来了。其实若再进一步询问就能找到他的。

那天，我走在道外，一个人也不认识。原在延安时曾想回到哈尔滨，不知道人们会多么热情，谁料到人们却用很生疏的眼光看着身穿八路军服的我，我就像异乡人一样走在这个城市里。不知为什么，白鸥一直没找我，但他又是那样怀念我。后来听到他的学生（在哈尔滨京剧院工作的张晔）说："他得到一本星海歌曲集，放在床边日夜地看。"他死后，他的学生来信问我，韩乐然是不是共产党员。我让金剑啸的女儿金伦去找过他，我告诉他，韩乐然是上海美专毕业的学生，大革命前的共产党员。1927年我在上海时，曾给过我很多帮助。抗日中间在新疆坐飞机摔死了。从他学生的信中得知，白鸥在"文革"中遭难，于1978年12月15日晚8时病逝，享年七十五岁。

1946年冬到了佳木斯，住在东北局机关，那时洛甫同志（张闻天）做合江省委书记。佳木斯当时的市面乱极了，白天满街都是土匪，满街的破房子。有一天夜里就打了半宿，萧劲光说："我估计是有两个团的火力，不是一个地方打，是到处都响枪。"我们驻地对面就是公园，土匪的枪就打在院子里，怎么也没办法把土匪消灭干净。当时是抗联的干部当卫戍司令，他没辙了，后来就换贺晋年当司令，此人在延安我们就认识，那时他在陕北当三边司令，这个人很厉害，经验丰富，他只一天工夫就把土匪收拾干净了。他头一天召集了市直机关的会议，说明天要清理土匪。到了明天，凡是上街的人都要带证明，他就把各路口都把上了。土匪也穿军服带着枪，很难分辨。可是，他过一个查一个，凡是无证明的而又穿军装的，全部扣留起来，一下子就搞干净，再也听不到枪声了。一枪没放，一点儿事没费就把佳木斯市的土匪弄干净了，真是漂亮啊！他在军事上真是本事大！

那时，我们部队到了合江省以后收降了谢文东，可是他投降后又叛变了。他们熟悉山路，很难对付，这股土匪就是贺晋年消灭的。他亲自带领队伍追打，作战十分勇敢。等到后来，把土匪追到一个开阔地带，一面是河，周围是大山，他估计谢文东跑不出去这个地方，一定隐藏在这开阔地带。周围无人烟，平地上就有座小土地庙，没有别的地方躲藏，若有，就在小庙里。便派部队去搜，果然就在土地庙里搜出谢文东。逮住谢时，他有一尊小金佛带在身上，一到没辙时，就拿小金佛卜卦。他把小金佛扔到地上，看佛头冲哪边，然后他就朝着佛头的方向走。搜索部队进了土地庙，正看他跪着卜卦呢，就这样逮住谢文东的。李华堂土匪部队也是贺晋年消灭的。等把谢文东押到他的老家公审那天，谢还说："乡亲们，见笑了。"他不是枪毙而是砍头的。李华堂是双手打盒子枪，很有本事，他是被打死的。贺晋年终于把这两股很难消灭的土匪全都解决了。后来贺被调到沈阳做东北军区的司令员了，他是刘志丹开辟陕北根据地时期的老游击队员，是建立陕北根据地的老战士。来北京后，授中将军衔，听说后来犯了错误，在陕北跟高岗是一道的。①

李延禄当时做合江省主席，后来我担任了全国文联佳木斯分会主任。那时，土匪多谣言多。李延禄隔几天就坐小车在街上转一趟。有些有收音机的市民竟收听国民党的广播，没法制止。后来就没收收音机，一下子把收音机都没收了。就是这年冬天，我接到周保中从敦化托李延禄转经朝鲜带回来的信。因在延安参议会开会时，我跟李延禄住在一起，一天半夜里，谈起了周保中，他知道我和周保中的关系，所以，李延禄见到周保中时曾谈起过我。周让延禄同志带信给我。我看信后，因对信中一句话不满而没给他回信。

1947年3月6日生了女儿莱莱。那年医院的医生中有很多日本战俘，他们不干，要罢工。院长说："好啊，你们罢工吧，我们不开饭了。"他们就乖乖地又复工了。这批战俘就在这年遣返回了日本。听说他们有的人在火车上，将在中国出生的孩子劈了，从火车上扔下去。有个开药房的日本人，日本天皇一宣布投降，他就坐在屋子里头，把门关上，点了一把火，把他的全部财产连人一起烧光了。长春"满映"总经理一听说日本投降就剖腹自杀了。此人是个大特务头

---

① 贺晋年原为中共中央顾问委员会委员。

子，关东军都要听他的指挥。田方是在金山手上接收"满映"的，金山当时代表国民党在"满映"。田方去长春时，内战还没打起来呢，田方给党做了件好事情，长春当时还在国民党手中，他就进去了，是很危险的。"北影"也是田方接收的。田方在车站上想到我，写一封信给我，说："塞克大哥，我也出关了，咱们以后见面的机会就多了。"那时，我在四平辽北学院接到他的信，话不多，很有感情。

1947年夏间，莱莱满月后不久，我从佳木斯回到了哈尔滨，在东北文联做常委，同时担任戏剧工作委员会主任。在道外京剧院导演了一个新编的历史京剧叫《秦始皇》。那时戏剧的捐税很重，叫"娱乐捐"。我就给李富春写信提意见，"娱乐捐"这么重是不合理的，现在的戏演的是人民的戏，这里面有毛泽东思想，你们不能像对待旧社会的那种演出，这哪里是娱乐呢？戏剧是我们的战斗武器，今天是共产党领导的，那么还能当作旧社会的娱乐品来对待吗？李富春看了信后，说："这个意见提得很好，我们怎么就没想到这个问题呢！"事后做了调整与改变。京剧《九件衣》是宋之的执笔，我们集体创作，由我导演的，主演秦友梅，这是1948年春的事情。

就在这年春天，我给东北局提了意见，信是写给林枫的。信中说："在延安经过整风的干部，为什么直到今天总吊着不安排工作呢？"随后，林枫就找我谈话，我走的时候，他说："对我们还有什么意见哪，希望多提提。"当时是凯丰做东北局宣传部长，应该提给凯丰，但我跟凯丰不对劲，所以写信给林枫同志了。隔了不久，东北局组织部长古大存到东北文协去找我，派我到辽北省做省教育厅副厅长。走之前，在哈尔滨碰到了陶铸同志，陶铸同志写给郭峰一封信，这是写给党组织的，还有一封给省政府主席阎宝航的行政介绍信。阎宝航当时不知道我的政治态度如何，是测验我吧！一次他拿一封信给我看，这封信好像是国民党特务写给他威胁他的一封信，问我："你看这事应该怎么办哪？"询问我的态度，我说："这封信应交省委看，你应该跟省委谈嘛!"

当时辽北省政府所在地在郑家屯。我是跟阎宝航、黄克诚坐小轧道车去郑家屯的。约半月左右，辽北省政府就搬到四平去了。我的具体工作是负责辽北学院，阎宝航后来对我说："搞文艺工作，我还以为是写篇文章什么的，没想到你一来就从文艺思想入手，这个工作搞得好。"延安文艺座谈会我是参加者，我就给学员们讲座谈会的精神。学生们搞戏剧，我就组织他们到街上去调查，回来写剧本。学生们分几队出去，他们一看这个搞法是不同的。在我从辽北省去沈阳时，阎宝航写信向东北局汇报时说："塞克来后，文艺工作起了很大变化，在辽北省工作是很有建树的。"

十二

我是在沈阳解放不久，就离开辽北省到沈阳的。当时，住在东北文联。到了1949年年初，被选为参加全国文代会的代表，那时提出我的名字时，会场一致通过，这是刘芝明对我讲的。萧军那时没人提了，舒群因为离不开，他主持东北文联而没参加文代会。为什么全体没一个有意见呢？这就是我在延安写救亡歌曲的影响。写小说的不能出版，而我那时正是大发挥的时候，排戏、写歌影响显著。东北代表团选刘芝明做团长，我为副团长。

在第一届文代会上，我对郭老（沫若）讲话提的意见是："第一，关于群众文艺没有提，全国文联应重视，郭老尽讲专家部分，这一部分没重视。第二，关于少数民族的文艺政策，应该大力发展少数民族文艺。"后来的一次会议上讨论了这些问题，郭老做了回答，他说，他的讲话只是一般概括地讲讲，细致的部分省略了。

那次文代会，把鲁迅的旗帜举得很高，纪念章是毛主席和鲁迅的头像。有一天，毛主席就溜达到后台去了，坐到了主席台上，保卫人员都不知道。主席不见了这还得了！到处找啊，后来找到了文代会的主席台上，那时是罗瑞卿当公安部长。

开完会后回到沈阳，已经快到1949年10月底，我就担任了鲁艺的院长、东北人民政府文教委员的职务。去鲁艺不久，就接到了毛主席的委任状。

一到鲁艺，就搞了一部歌剧《星星之火》，抗美援朝开始以后，鲁艺迁到哈尔滨，才把这个戏搞成，在哈尔滨演的。这个戏一出来，高岗就有意见，高岗认为东北解放是他的功劳，剧中没提到他。刘芝明告诉我说："东北局对这个戏有意见。"其实就是高岗有意见。我说："那个戏里我歌颂了坚忍不拔的爱国主义、国际主义，这有什么不对呢？难道不该歌颂吗？"他们对歌颂抗联是有意见的，看法就是延安整风时对抗联的一些意见。是什么呢？不外就是那几条：抗联不讲统一战线；没有持久战的思想；没有游击战的思想，尽跟敌人硬拼。这是抗联成立以前义勇军时期的情况，李延禄在延安时曾跟我讲过，那时就像红军在江西打土豪分田地，吃大户那么干的。走到哪里，把大户人家的浮财粮食一分，吃没了就走。这是情有可原的，因为年头太早。1932年红军不是在江西嘛，那时哪有这些思想啊！不是1938年开了扩大的六中全会以后，毛主席才提出论持久战和新阶段吗？1938年我到延安时正开"扩大的六中全会"，在这之前，那时谁能有这个思想啊！谁有哇？这不是把年代都弄混了吗？在延安批李延禄就批的这个嘛！在1932年那个年代就要求他有这些思想，那时毛主席还没写呢，是到延安定居后，毛主席才写出理论性的文章嘛！我当时对《星星之火》的看法就是这样回答的。剧本是集体创作的，侣朋等执笔，劫夫等作曲，侣朋导演。

这个戏，因从前吕骥他们搞了一下又撂下了，我估计撂下的原因就是因为这些问题，党对抗联还没做结论嘛！等我去了之后，又提出这个剧本，我们就一鼓作气，把它弄出来了。等到了北京，冯仲云说:"我们那时不是不要党的领导啊,我们跟中央是联系不上啊!"那时本来准备连续给抗联多搞几个剧本的,鲁艺搬到了哈尔滨后,我跟刘芝明为这个戏吵了一架,吵得很厉害。这是第一次跟刘芝明发生裂痕,当时吵得我连松江省委请客都没去。我打算辞职,王曼硕做副院长,他对我说:"我们都没向你辞职,你就要辞职,这怎么行呢?"吵的中心内容就是围绕《星星之火》,好像刘芝明提出要改动剧情,这不像话剧,歌剧本一动音乐就得跟着动,演员脑子也是应接不暇的。他不知其中的难处,我俩拍案子吵啊,吵得很凶的。当时侣朋、李劫夫等党员干部,我支持他们,他们也支持我的意见。最后结果,他们跟刘芝明没事了,就剩我跟刘芝明对顶了,开始我是支持他们的。

在鲁艺的工作搞得很好。1952年"三反五反"时,一般的领导都得检查,我就不检查。本来浮皮潦草地说说就行了,我就连这样的话也不说。后来跟刘芝明闹僵了。东北鲁艺撤销后,我调到东北人民艺术剧院当院长时,该院的秘书长怎么搞的呢?院长不检查下不来台呀,他就弄了个打字机,和秘书在他屋里整我的材料,向东北局打我的小报告,交给东北局宣传部长李卓然。李卓然就把这个报告转给我看,上面附言:"塞克同志,这个帮你参考。"我一看,尽是鸡毛蒜皮的问题,我就火了,说:"有什么话不能跟我说呢,为什么打秘密报告哇!"他说:"这是党内的事情。"这火一发,就不可收拾了。我说,党员就这样干事呀,脾气来了谁说什么也不行了,我给刘芝明打电话,告诉他,我不干了,说完把电话一摔就走了。

后来东北局就跟中央联系,把我介绍到中宣部重新分配工作。

十三

1953年来到北京后,我就跟周扬说刘芝明搞的名堂。我对周扬说:"我们以两个老朋友的关系谈话,我又是在跟党谈话,你是代表党的。"周扬很严肃,他也说:"刘这个人有缺点。"他紧接着就问我:"你知道刘芝明调北京吧!"我说:"知道。我知道也要说这些。"刘芝明不久就要来文化部当副部长,这又碰上他了。于是周扬就问我:"你要做什么呢?"我说要搞歌剧。他说:"要搞歌剧,你就到中央实验歌剧院去吧!"就这样,从1953年6月到了歌剧院,一直到现在,宣布当"顾问"。周扬还说:"你不要搞行政了,你也不会搞,我也不搞行政了。"我说:"你不搞行政你还有党呢,我不搞行政就什么都不沾边了,我这歌剧怎么搞法?歌剧是拿人当文字,要下很大功夫,要使用全部人力财力,才能搞戏的,我不是一个人拿笔写文章的。"为什么在鲁艺那样搞,到了北京我不吭气了呢?就是因为这个。在社会上,把你搁在很高的地位上,实际上什么也不沾边。我想这可倒好,倒省得我发脾气了。因为什么事也不管了,表面上还把你供在高高的牌位上,实际上什么你也管不了。

我认为李卓然很坦率,很诚恳,所以我很感激他。不然的话,他们搞的鬼我是不知道的。我革命了一辈子,我跟党打了一辈子交道,你们这样对待我,这算什么呢?

十四

"文革"中在歌剧院蹲"牛棚",我被挂上了"修正主义分子"的大牌子,觉得很可笑。他们打人,外调。我嗅出了一种东西,就是其中必有坏人。因此,对于一切外调,不管从哪里来的,我都很好地跟他们谈,态度也很好。是群众组织,不论哪一派的,我跟他们一点儿对立情绪也没有,任何时候都不能跟群众对立,闹对立都是错误的。

有一次,开我的批判会,喊:"打倒塞克!""打倒修正主义分子,打倒汉奸文人!"我没有动气,只是笑呵呵地听着。他们还批判

《流民三千万》说:"东北的老百姓是'流民'?这简直是污蔑东北人民嘛!"我没有回答,心里想:"一回答就得跟他们顶,我说'流民'是对东北老百姓的尊称,因为他们不愿做亡国奴,跑到关内才做了流民的。没有职业、没有家、没有饭吃,不是流民是什么?那些知识青年蹲在小店里没饭吃,看到不抵抗的局面,唱着张寒晖的《松花江上》,边唱边哭,不做流民又怎么着!"

还批判了《流民三千万》的主题歌,歌词里有一句:"青天已被罪恶的血手撕裂,长空飞散着血雨腥风。"我真想不到他们怎么批判,怎么也想不到那里去。说:"青天白日是什么呀?不是国民党的党徽吗?"怎么能够拉扯到那里去了呢!真是荒唐至极!

我对他们批判的回答是:"小资产阶级嘛,人生观没改造好,当时就是这么个看法嘛!"我的回答,他们还相当满意,他们以为我一定会为此而震动了。可是散会后,我就很坦然很踏实地睡大觉了,那才一点儿也没动气呢。造反派训斥我说:"你不好好想想自己的问题,回来就睡大觉。"我说:"我想什么问题呢?我什么问题都没有。"在劳动中间,在一个储藏室里边,我每天都在椅子上面睡觉,睡得很踏实,一直睡到上班。当时有两个一道劳动的女同志,整天愁眉不展,唉声叹气地抬不起头来。我说:"干什么你们唉声叹气?你不是没有做过什么对不起人民的事吗?不要那样子,那样是自己跟自己过不去,等于跟自己竖拳头,我才不做这种傻子呢!真正的敌人是盼着你死呢!他巴不得让你自己糟蹋自己。你不是革命者吗?他们说你什么,那是代表他们的认识,他们就那个水平嘛,你怎么能不让他们那样看呢?真正的革命者应该在任何情况下,任何时候都得对革命有利。当'黑帮'就压得你喘不过气来了?当'黑帮'也革命,不当'黑帮'也革命,我只要有一口气,我就要革命,你不叫我革命,我也革命。"这些话对她们很有作用,她俩一直到现在都对我非常好,她们觉得当时对她们思想有帮助。

人哪，不管别人说你什么，人的认识是不相等的。你也不能对他们的思想负责，你负得了责吗？但自己所作所为的，问问是不是对得起天良，如对得起就很安心了，别人怎么看就随他去吧。我为什么有这些看法，哪儿来的？这是我坐张作霖的监狱，坐国民党的监狱，坐苏联的监狱得来的。这时，我特别想到毛主席在延安讲我的那句话："青年人受点儿委屈好啊！不受委屈他就永远不会懂事的。"这句话的真理性得到了证明。等将来你就会明白的，现在受的苦没什么了不起的，这是对一个青年人的优待，是锻炼你呢！"文革"中间我为什么那样乐观，那样逆来顺受的基本道理就在这里。

我们是1970年声援柬埔寨，在天安门开大会那天下放到部队河北省蔚县的。在那里待了两年。劳动锻炼时我什么都干，起马圈、起猪圈、挖水沟、割稻子，还很能干。小战士们很喜欢跟我开玩笑，跟我胡闹，把我的手杖插到稻田泥里，我到处找也找不到，等我从泥里拔出来，他们就哈哈大笑。小战士们常跟我开玩笑，最典型的一句话，说："老塞克，你可别吃老本啊！"我说："现在没有老本好吃了，吃棒子面窝头了。"他们听了大笑。

刚到部队，真把你当成有问题的人，不把你当同志对待。有时故意地不让你舒服，吃了午饭不让休息，偏让你干活，不是起猪圈就是到菜窖里择菜去。有一次，叫我们玩丢手帕，六十多岁的老头子，简直成了幼儿园的了。这就是部队缺少文化的表现。看电影，指导员说："看电影是受教育，因此必须得看，非去不可。"走十几里山路进城看电影，每次去都是半夜里才回来。有一次，看《红色娘子军》，正赶上下大雨，全身都浇湿了，山路滑，坡很陡，有的人从山顶上滚下来。我还好，我拿手杖三条腿，它救了我，我是唯一一个没摔跟头的人。《红色娘子军》我已看了八百遍了，受教育嘛，我也得去。只要说去咱就去，而且没有一句怨言。只要你说咱就做，事情有无意义，对不对，你不知道就是那么个水平嘛，我就不跟你说了。我就是这样对待他们的，道理不是对你们讲的。我当时睡不烧火的土炕铺稻草，很多人得病回来了。我是抱这样一种态度在底下过的，用这种态度对付了那种情况的，因此，很乐观，我什么病也没得。为什么？在"文革"中间，群众说什么是什么，一点儿也不顶，而且我还很尊重群众组织。我心里有一条：不管你弄得多么乌烟瘴气，爱抹黑就抹黑，爱造谣就造谣，随你说，最后党总会弄明白，弄个水落石出的。为什么在延安我是脾气大得有名的一个人，这回怎么这样呢？那是因为我从一开始就感觉出来了，运动里有坏人，搅浑了水，从我发现这个问题后，就一概不认真，完全超然处之。群众抄家搬东西，我的本意是心疼的，平时，我的东西谁动一点儿都不行，但表面上还是无动于衷。造反派问我："这些书你都读了吗？"我说："都读了。"他们说："那你中毒不浅哪！"我说："可不是嘛！"抄家第二天，造反派叫我去，问我："昨天搬你的东西，有什么感想啊？"我说："没感想啊！"又问："我们走了，你干什么了？"我说："我睡觉了！"他们一听都哈哈大笑，他们真是丈二和尚摸不着头脑了！

我对"文革"的认识，三句话：正确对待群众；警觉敌人捣鬼；坚强党的信念。因此我扮演了一个角色，坦然处之。群众说我拿那么高的工薪，我就写条把工薪交给群众，我几个月不领工资，但他们也不敢去领。那时提出了"打倒三百三"的口号，我说，不是我要的，是党给的。

在去延安前，我一直过着穷困的生活，长期处于失业状态，经历过几次监狱生活，在反动环境里，我是受迫害者，有革命要求，这就很容易走上革命道路。我要去苏联学习文艺，以为这就是走革命的文艺道路。自1931年到苏联后，又碰了一个大钉子，在精神上受了极大的刺激。这件事对我一生都有影响。九一八事变，日本帝国主义侵占了东北，激起了我对侵略者的极大仇恨，积极投入到抗战救亡运动中。在救亡运动高潮的年代，我写了大量救亡歌曲，编写了一些抗日题材的戏剧。从1938年到了延安，直接接受了党的教育，也参加了边区政府的建设，这就更加深了我对党的认识。特别是参加延安文艺座谈会和整风运动之后，自己的一些错误思想得到了纠正，更加提高了对党的认识。

我是个搞戏剧的，几时都不能离开演出单位和创作单位，一离开这些，我就无能为力了。但是，我一辈子搞戏，在哪里也没遇到过像来北京后这种情况，宣布我为中国歌剧舞剧院"顾问"，在社会上，表面上看把你摆在很高的地位上，实际上什么也不沾边。为什么呢？我没有能力回答这个问题。对文艺界的问题，我是有看法的，但没法谈，谈也谈不清。我对自己的处境是说不出个所以然来，我觉得我和党不通气了，这就形成了与世隔绝的状态。

总体来看，我一生走过的道路和我的思想发展，一直是走革命的道路和为民族文化艺术工作奋斗了一生。

（1992年5月黎舟整理）

忆南国社的几次演出

怪 人

1927年，我到上海艺术大学要求入学。我和别的同学不一样，很穷困，身无分文，我向田汉先生他们说："我没有钱交学费，交伙食费，还要在学校里吃饭……"田汉先生没生气也没拒绝，从他脸上我看到的是微微的笑意，看来他对我很感兴趣。我说："我从监狱出来，我曾写过悼鞋的诗，我还把它贴到监狱里的墙上……"田先生说我是个"怪人"，把我收下了。我说田先生也是个"怪人"，因为只有"怪人"才收我这样的"怪人"哪。很奇怪，田先生做什么都想着我。本来我不是戏剧系的，是学美术的，也不知为什么田先生排戏时就把我添上了。要我演，我就演吧。这一演，可不得了了，我说的台词，别人再演这戏时尽学我的语调。为什么呢？因为那实在不是在"说"，而是在感情的激动之下冲击出来的。我在南国社演戏时，叫陈凝秋，从那之后我就成了名演员，自己也不知道怎么回事，你说演戏技巧吧，哪有什么技巧？那时我有一些生活经历，走到哪儿都坐监狱，总挨饿，我演的人物都和我的生活相近。我演的完全是生活的真实。从这可以看出艺术和生活的关系呀！

田汉先生说我是"怪人"，就是那时我读高尔基的《童年》，读马雅可夫斯基的诗。我还穿着从哈尔滨带来的列宁装,扣子上还有镰刀、斧头,在大街上溜达。在白色恐怖下,穿列宁装是要杀头的呀!我那时还一心要到苏联去,谁听说过,从上海到苏联硬是走去的?我就是走去的。我一个人也不认识,也没有党的关系,凭着这股热情,我到了满洲里小火车站。那地方突然发现了像我这样的外来人,人家不奇怪吗?警察天天找我、盯梢……我还不断想越过边境到苏联去,先后走了两次,差点儿死在路上。有次在绥芬河,肚子饿极了,又没钱,只好向人讨饭。看见有个人在井边打水,我走到跟前说:"你家有吃的没有?"他给我一大卷煎饼。我就揪一块饼,抓一把雪就着吃。有时碰不到人,三天三夜没吃的,零下四十多摄氏度,脚也冻坏了。太阳落山了,我拿着木棍,分不清东西南北,看见地下自己长长的影子,我自言自语:"这就是陈凝秋哇!"这时的想法想得很怪,心想,只要一倒下去就死了。要是死了,人家从你旁边过还会拿脚踢你,说:"这是怎么回事?"我还想,死也并不可怕,只是死了之后,谁也不知道你有什么理想,这点是很悲哀的。我心里想,我回到上海去,只要见到熟人,拉拉手,我再死,那也甘心!那天天黑了,我看见有房子,我就跑哇……总算捡回一条命。我那时为想到苏联去,真是命都不顾了,因为凡是查出来没有护照过境的,一律以国际间谍问罪。只是那时候有一股劲,不怕忍饥挨饿,也不怕牺牲生命。后来当我在南国社时,这些就体现在表演艺术上了。

根　子

　　田汉先生喜欢我这个"怪人",是和他也是个"怪人"分不开的。田先生筹办的南国社,怎么会集合那么大一批有才能的人,影响又那么大呢?当时很多人都奇怪,照我体会,这是那时的社会条件铸成的。

1927年，正是国共分裂的时候。我记得那时我坐船到上海去，想去参加大革命，同去的有很多革命青年，他们装扮各种不同职业的，有的装着卖帽子的商人……当时在船上的人，没有想到国共已经分家了。大革命刚刚失败了，知识分子思想苦闷，没有出路。谈南国社一定要谈这一点，不谈这一点找不到根子。

南国社时，田汉先生写的那些戏为什么那么成功，引起那么大的轰动？为什么在话剧运动史上那么出名？这都不是形式问题，而是它的思想内容决定的。田先生是很高明的一个人哪，毛主席1942年《在延安文艺座谈会上的讲话》中指出了工农兵方向，可1927年在上海艺大以前田汉先生就拍了电影《到民间去》，1929年他又写了描写工人题材的《火之跳舞》，我也参加了演出。自然，这不是说田先生那时已经像《讲话》中说的那么明确，不过已经有了一点儿萌芽。田先生与人民共呼吸，他有他的性格、艺术风格，这是别人没有的。

田先生写《苏州夜话》《南归》，就是结合了南国社里有这方面经历的人创作的；又由这些人去演那些角色，那怎么会不成功呢。如《苏州夜话》，是唐槐秋演的老人，他遇到卖花的女儿，很伤感地谈起过去的事情。女儿由唐叔明扮演，就演得特别好。那时像《苏州夜话》的演出牌子一拿出来，观众一见就哗哗哗地一下来了，热烈欢迎，那真像名剧一样，就是这个道理。我们看看，田先生在南国社写了些什么？那都是些没有出路，为寻找真理东奔西跑的青年。南国社当时也集中了那么一批流亡知识青年，这就是思想上的结合。田先生就是代表了这种思想。1929年以后，南国社的进步倾向最强了。纪念"五四"演出《一致》，剧中有天之子，地之子，我演地之子，把天推翻。这戏只演了一次。田先生写的《我们的自己批判》就是登载在有镰刀、斧头的《南国月刊》上的。那怎么不惹祸呢？那怎么能解释不代表共产党呢？那南国社又怎么能不被国民党查封呢？

鱼 龙 会

"鱼龙会"是田汉先生起的名字，龙嘛，是神圣的东西，鱼是普通的东西，就是鱼龙杂呈。那本来是上海艺术大学的游艺晚会。在客厅里搭了一个小舞台，大概有八尺宽，拿被面做幕布。本来上海艺术大学有戏剧系，可是戏剧系没有什么人在"鱼龙会"上演出，因为演得不行。演出的节目中，有《潘金莲》《父归》……先演《父归》，后演《潘金莲》。《父归》是话剧，《潘金莲》是京剧，锣鼓一响十分热闹，正好在后面压台。

《父归》是日本戏，由名作家菊池宽写的，在日本是很有名的。那时新思想刚刚抬头。《父归》写父亲对子女不负教育责任，儿子自己努力成了人，父亲到处流浪，多年后落魄回家了。父亲回到家里，儿子就讲道理，父亲很惭愧，最后走了。这戏在日本演得很多很风行。南国社演出时，只有一个人是买票来看的。那个人看起来像个厨子，那票不是他买的，是主人买了不愿意给他的。他怎么样呢？一身油腻，戏看完后哭着走了。徐志摩写了一篇文章，在《申报》上头说："……就这一个观众，他这个油渍的衣服上又多了一层泪渍。"陆小曼也看过戏。我演了四十分钟，她就哭了四十分钟，直哭得起不来。我还记得，我演了一半，田汉先生就从屋里跑出来看演出，看观众的反应。田先生在演出中，是非常注意演员的情绪和观众的情绪的。那时看戏的有郭沫若、郁达夫、徐悲鸿、徐志摩、陆小曼、万籁天，都是文学艺术上很有影响的人。万籁天他也演过《父归》。他一看，嗬！比我还厉害，怎么回事呢？我受过五四运动影响。我从小就跟家没有关系，后来我父亲到哈尔滨找我，我把他撂在马路上了，一接触这剧情啊，就触动了我的感情，所以演得有真情实感。日本的小说家芥川龙之介说，日本的演出没有"鱼龙会"上演出的水平那么高。

《潘金莲》是欧阳予倩写的。他自己演潘金莲，周信芳演武松，高百岁演西门庆，唐槐秋演何九叔，唐叔明演郓哥。周信芳演武松真厉害，一出场，那台风就压人。他扛着大刀，武松的性格表演得很鲜明。看了，真乐，人家名演员和我们一般的学生一块儿演，要不怎么说是鱼龙杂呈呢。这以前，话剧还只是文明戏，从南国社以后，话剧运动才蓬勃开展起来了。

在一周的艺术"鱼龙会"上，还演出了田汉先生的《名优之死》。我演过刘振声，我不会唱京戏，怎么办？演出时到了讲话的地方我讲，到了唱的时候田先生替我唱，逗极了。洪深先生也演过，他学过一点儿京戏，这个戏里唱得不多也不少，正配他的胃口。1933年以后魏鹤龄也演过。

快　手

1928年，南国艺术学院搬到西爱咸斯路，就开始演戏了。第一次是去杭州演，去时还没有想到演戏，是学校放春假去旅行，去玩。到了杭州，本想到演戏，田先生说："嗳！我们演演戏好不好哇！"还记得让田洪回去取东西。大家住在李公祠，那天晚上，讲鬼故事正讲得带劲的时候，我进去了，就误会了，把有的女演员吓得要死。田先生根据这些就编了《湖上的悲剧》。在构思时，好像还和康庄（康有为在杭州的私宅）有点儿关系。

《湖上的悲剧》是田汉先生在船上写的，天还下着雨。那只船是西湖里的一只游船。这里顺便说点儿小事吧。田先生一边刻着蜡版，一边想喝点儿酒，就凑钱买酒，又没钱买菜，就先买了两瓶酒喝。好，两瓶酒喝完了还想喝，没钱了怎么办？拿瓶子去换，可小资产阶级爱面子，不好意思自己去，就嚷着跟船夫说："你去！"田先生写《湖上的悲剧》没有打草稿，就直接刻在蜡版上，刻好了就印刷，印好了马上就排。田先生是少有的快手，几天就写出来了，边排边修改。实际上这个剧本最后是集体创作，集中了大家的智慧。

就像喝了一杯浓烈的酒

后来南国社在南京演出，票价一元钱一张，很高哇，场子里挤得满满堂堂的。不管你什么人，先到的坐前面，后到的坐后边。何应钦带着卫兵来看戏，他已经是个官了，可前面没有座位，他就在后面站着看。还有陶行知、蒋梦麟（教育部长），都坐在那里看戏。那时中央大学的学生，正在期考，天又下着大雪，可学生连功课都不预备了来看戏。观众看完戏，写信给我说："我看完了戏，就不知怎么回去的，像喝醉了酒一样，弄得不知是一股什么力量支配着。"可见南国社演出的节目具有强烈的时代感和吸引人的地方。

在南京演出的剧目中，原来还有田汉先生写的《孙中山之死》，那个戏是很了不起的。为什么呢？他写的孙中山先生的词，完全是孙中山先生讲的话，用他的原话来讲给当时的国民党听。田先生这样写是很厉害的呀！那时洪深准备扮演孙中山先生。他找来孙中山录音唱片，一遍一遍地练习。南国社到南京，在社会上影响也很大，闹得好像是翻了天似的。国民党就出来禁止演这个戏，那时国民党管宣传的是戴季陶、叶楚伧。国民党的中宣部请南国社的人吃饭，在请客的桌子上戴季陶讲："孙先生刚故去不久，跟孙先生一道的人都健在，如果演得不像反而不好。"

1928年，国共已经分裂，也是国民党反共最厉害的时候，真是

"宁可错杀一千,不能漏网一个"。那时反国民党是需要勇气的。田汉先生就有这种精神,南国社就代表了这种精神。所以,当时知识青年哪,简直是像疯了一样,看了南国社的戏就像喝了很浓烈的酒一样。这精神为什么这么能鼓舞人呢?这是因为田先生,南国社真正代表了这些观众,说出了他们内心要说的话,代表了那个时代的声音。

诗·画·戏剧

演《莎乐美》是因为有了俞珊才演这个戏的。她是音乐学院的学生,声音好,还有唱昆曲的基础。她演莎乐美这一角色是演得很好的。那时参加《莎乐美》演出的人现在都成了名人了,金焰演叙利亚少年,还有后来在艺坛上负有盛名的蔡楚生、郑君里也参加了演出,不过在那时演员表上都找不到他们的名字。后来听蔡楚生说:"那时我演了《莎乐美》里的犹太人嘛!"这才使我想起来,他也参加了演出的。

艺术和革命思想是统一的,那时我是拼着命追求艺术嘛!我刚从监狱出来到了上海,为什么坐监狱呢?是北伐军打到了汉口,我写了一篇赞扬北伐军的文章,在《晨光报》上发表了,就这样坐的监狱。那时,我还写了许多诗,泰东书局经理赵南公给我出了一个诗集叫《追寻》。"寻"是什么意思呢?就是寻找真理嘛!另外,我还常在蒋光慈主办的《太阳月刊》上发表一些诗。除写诗外,我还画画。我画了一幅自画像。我记得那画的调子是红的,像火光照着头一样。后来田先生看到了,说:"咱们演《莎乐美》吧!你演约翰。"这大概也是当时田先生的灵感吧。在戏里,我骂莎乐美他们,后来把头割下来放在盘子里,莎乐美就抱着盘子对这个头说:"约翰,你再也不能骂我了吧!"这个用盘子托着的假头做得很逼真。可以看出在南国社时,田洪、辛汉文同志的道具艺术造型是有很大创造性的。

《莎乐美》是田先生导演的。田先生躺在床上，大声读《莎乐美》的台词，这是为了在排戏以前先体会体会每个角色的感情。

我那时声音洪亮，壮得很，但没有演戏的修养，只是写过一些诗歌，画过画，知道一点儿美术造型，这些在后来演戏上就都用上了。所以现在我一讲起戏剧来，都讲文学、诗，我们搞的是综合艺术嘛！后来有的人不这样教育演员。要是不懂造型美，没有想象，脑子里没东西，那不会有好演员的。我们过去一天戏也没学过，为什么突然演好了？就是这个原因。

艺术大原则

我决心到苏联去没去成，我又回上海了。《南归》就是田先生根据我的一首长诗写的。那个剧本就收在《田汉戏剧集》里，是写我的流浪生活的一个剧本，主题歌就是用的我的一首长诗："鞋呀，你破了，你同我走过冷酷的监狱，你同我涉过万里重洋。"流浪生活就透过这鞋来体现。

《南归》写我，我一演，别人怎么也替不了。这说明演戏要有时代感、真实感。你在舞台上表演的东西是代表来看戏的每个人的情感，每个人心中要说的话的。他说不出来，你却替他说出来了，他怎么能不感动呢？那时，知识分子是苦闷的。田汉先生写戏，又是从我们这些人的性格出发的，又让我们自己去演。要不，搞一个剧社，东拾一个剧本，西捡一个剧本，这剧本根本没有这个剧团的灵魂、生活体验，演员演起来怎么会有感情呢？他们自己都没有感动，又如何去感动观众呢？这就是艺术的大原则嘛！南国社的影响那么大，就是因为有这个大原则。田先生那时写的剧本，别的剧团、别的地方演不好，就是这个原因。

要我说南国社，说田汉先生的创作，以及我在南国社演的几个戏的情况，可我一上来讲的是大革命后的时代感情，我去苏联途中的流浪生活、写诗、画画等。为什么这样讲？就因为这一切都是一个整体，这是个艺术的大原则。

1979年10月26日于北京

（刘帼君记录、整理）

我和冼星海[1]

从跟星海合作多少年以来,我总觉得他的创作过程,是跟别的音乐家有区别的。关于这一点,我总想说,可总没有说。就是他每创作一首新的歌曲时,在他的脑子里首先想到的不是调式、音符等音乐技巧方面的东西,而是时代背景,汹涌澎湃的人群,他们的愿望、情绪,他们的胜利和喜悦,以及失败时他们的痛苦和呻吟!

例如《救国军歌》,那是1935年在他家里,他只用了四五分钟就写成了。一支香烟还没有吸完。为什么这样快,这样准确?只有一个解释:那就是他对人民的东西太熟悉了,太具体了,熟悉到一张嘴就是那个声音,没有模棱两可、推敲反复的余地。这是情感上成熟的表现,也是技巧上成熟的表现。这绝不是什么粗制滥造,一写出来就是那么天衣无缝,一气呵成,真可谓奇迹。

这首歌写出来后,就遭到蒋政权的禁止。凡是正确的东西,越禁止越传播,禁止得越凶,传播得越快,一直禁到全国都唱,一二·九运动正是这支歌最流行的时候。万没想到,"四人帮"时竟遭到彻底的阉割!这是掩盖蒋介石不抗战的罪恶目的!

又如《心头恨》那首歌,我是1935年在上海写的词,到1940年,他是去苏联前谱写的曲,歌词的开头(种子下地会发芽,仇恨入

---

[1] 题目是编者加的。

心也生根），在他谱来，是那么深沉，真挚感人，这都是为什么呢？没有别的，是感情太成熟了。又如《满洲囚徒》，我是在1939年修改《流民三千万》剧本时加写的。写的时期和地点，是在延安的桥儿沟，那首歌星海谱得真是好，真可谓气壮山河，气势磅礴。只可惜至今没有唱多少，实在令人惋惜。这么好的一首歌，为什么没有介绍出去？我是百思不解。

星海是个很好的、很伟大的人民音乐家，他的死，是令人很痛心的。记得那是在敌人投降后，我从延安出发到东北去，走到热河的一个小镇上，在一张小报上看到他去世的消息。当时我就想，一个最有资格看一看胜利之后人民的笑脸的人，怎么在这个时候死去，这是最遗憾的事！

我总觉得星海的成就与伟大之处，还没有充分介绍出来，至于怎样纪念这位有才能的伟大的音乐家是遗留给我们的责任！

1979年12月8日于北京

忆小友——剑啸

国庆前夕，剑啸烈士的女儿金伦同志来京，得知其父在"四人帮"时期曾遭诬陷，株连子女，九泉含垢十余载。粉碎了"四人帮"，党中央落实各项政策，今年方推倒诬陷不实之词，还其革命烈士的本来面目，并于清明节、殉国四十三周年日分别举行了纪念会，为剑啸烈士恢复了名誉，多年的沉冤得到了昭雪。我为"四人帮"诬陷革命先烈的罪行而愤慨，为拨乱反正恢复剑啸的名誉而高兴！不由得四十几年前的往事浮上心头，心潮起伏，思绪万千……

1928年春，我在哈尔滨《晨光报》当编辑时，认识了一位经常给报社投稿的青年，他就是金剑啸。那时他虽只有十七八岁，但从他那笔触锋利的散文和热情洋溢的诗句中，已显露出他敏锐的政治嗅觉和艺术上的才华。从此，我们逐渐成了知心朋友。我喜欢他英俊潇洒，聪明敏捷；也喜欢他性情爽朗，待人诚恳；更喜欢他有理想有抱负，有强烈的求知欲而又勤奋好学。因此，我把剑啸当作小弟弟，关心他，爱护他，帮助他。

剑啸酷爱美术、文学、戏剧、音乐，有着多方面的才能。他一直向往着能去上海学习绘画，由于家境困难，多年的夙愿无法实现。1929年春，朋友们为他凑集了一笔路费，带着我写给好友左明的信到了上海。在左明的帮助下，他参加了摩登剧社从事演剧活动，同时，又进入上海新华艺术大学学画。剑啸在上海没有经济来源，生活异常艰辛与穷困，但他却以饱满的热情如饥似渴地刻苦学习，发奋读书，这时，他的思想从政治到艺术均已日趋成熟，于1931年春加入了CY（共产主义青年团），后又加入了CP（共产党）。不久因学校被反动当局查封停课，回到了哈尔滨。

1931年，日寇发动九一八事变的第二天，我俩在道里公园散步，各自的心情都是郁闷的，沉重的，压抑的……突然，他的话语打破了这无言的沉寂，他表情严肃地对我说："日本帝国主义打来了，咱们怎么办？"我毫不犹豫地回答说："去苏联！"因为这是我多年埋藏在心底而又未能实现的夙愿。在"左联"成立前夕，全国文艺界呈现一片混乱，我为当时写诗作画不能摆脱小资产阶级情调，不能走出一条新的生活、创作道路而苦恼。这时候，就更加向往十月革命的苏联，渴望着能够更多地接触和学习苏联的革命文学及其创作经验。我为了去苏联，经朋友介绍到道外同记工厂，给武伯祥老板当了秘书，积攒了几个月的薪水做盘缠。这时，剑啸已开始从事反满抗日的宣传活动，是他把上海革命文艺的火种，播散在烽火之中的哈尔滨，团结了一批进步作者，占据了一些宣传阵地，干得很有起色。在那些日子里，剑啸总是牵挂着我去苏联的事，我俩常去马家沟花园，躺在草地上密商此事。一次他兴冲冲地对我说："我有一个好友，他叫姜椿芳，是可以帮助我们的。"过了些日子，他果然带我一道去见了姜椿芳（我后来才知道他是中共地下党员）。我终于于1931年冬，通过姜的巧妙安排，搭乘一批湖南难民的车子，混在难民中间到了边境小镇——东宁，又经绥芬河进入苏联的。我经历了一段决定我的世界观和生活与创作道路的历史。于1932年春回国后便参加了抗日义勇军，后因司令官张治邦（原张作霖部队起义的团长）被日本人收买，这支队伍垮掉了，我便与当时刚结识的在电话局当接线员的一位好友沙蒙商定，二人同路进关。途经哈尔滨时，曾去道外桃花巷剑啸家看望我久别的小友，可惜没能见到，留个字条便匆匆离去。

1933年，我在上海从事电影工作，在夏衍写的电影《同仇》里扮演男主角——抗日军人，由明星公司摄制，后据闻此片在哈尔滨放映时，竟被日伪反动当局剪裁得面目全非。剑啸对此无比义愤，当即奋笔疾书，在报刊上发表文章，无情地揭露了敌人的卑劣行径。

1936年，在上海编写《东北作家七人集》的时候，我从罗烽那里得到共产党员金剑啸同志被日寇杀害英勇就义的消息和他在哈尔滨从事美术、文学、戏剧、音乐等革命文艺活动的情况。这个意外的消息，使我在思想与感情上受到了很大的冲击。一个羽毛刚刚丰满的海燕，一个多么纯洁、多么好的青年，竟这样过早地被敌人的枪弹夺去了年轻的生命，是多么令人痛心和惋惜呀！1937年在上海的一些战友，为纪念金剑啸，出版了他的著作长诗《兴安岭的风雪》，我们都怀着沉痛的心情写下了悼念他的文章，借此寄托哀思。

抗战胜利后，1946年春，我从延安出发经热河回到了我的第二故乡——哈尔滨。我怀着极不平静的心情，来到东北烈士纪念馆瞻仰我的小友剑啸、赵尚志、傅天飞等烈士的遗像和遗物，使我想起了许多往事。至今我还记得，当时我感触最深而又最为遗憾的是，我的小友剑啸烈士呕心沥血，甚至付出宝贵的生命，就是为了民族的解放事业，而今人民赢得了胜利，他却没能看到全国人民胜利的喜悦就离开了我们。

剑啸同志殉国已经四十三年了，他那英俊潇洒的风貌，热情爽朗的性格，勤奋好学的精神，却永远活在我的心中。

1979年深秋于北京

（里栋根据塞克口述整理）

哈尔滨忆旧

最近，从哈尔滨来的人，到家做客，给我带来四十九年前发表在《大北新报》上的一首诗。这首诗是袁弱水在当时怀念我远去异国写的。那时我并未看到。直到流逝的时光过去四十九年后，我才有幸看到它，可是袁君已经离开人世多年了。

记得那是1937年，我南北奔波，辗转来到西安时，他曾见到了我，并写了一首诗给我。此后，我又去了甘肃的兰州，而他于1938年去了天水，当中国银行分行行长。就在这年，他不幸被国民党的特务杀害了！

今天我读他怀念我的诗，真是感慨万千。有说不出的滋味。他的头一首诗是这样：

 我与凝秋别，
 北风天正凉，
 更奏紫色歌，
 进而酒一觞。
 问尔何所往，
 贱服作殊装，
 间关走异国，
 攘臂工人行。
 不复弄奇达，

尽弃书盈箱，
探渊索骊珠，
绝漠搜大荒。
艺境寻转变，
艰苦敢辞尝，
恍如担经僧，
负重行十方。
又如事戎马，
一剑赴敌场，
举杯祝成功，
引吭歌慨慷。
被酒出豪语，
气壮非感伤，
我欲燃新火，
尔慎守宗邦，
与尔期五年，
再见松江旁。

  诗中提到《紫色歌》，是我以凝秋署名著的新诗集（陈凝秋是我的原名），尝制谱可歌。
  袁弱水在西安给我的第二首诗是《长安逢陈凝秋读所制新歌》：

雪岭冰川话旧程，
喜闻小友又纵横，
 今年不唱高粱叶，
百万军中作吼声！

弱水，廿六年十一月五日

这首诗提到"高粱叶",是指《九一八小调》"高粱叶子青又青",廿六年即1937年。这期间我常想回哈尔滨,《北归歌》可做证。1929年在上海吴淞口,我同田汉、吴似鸿(蒋光慈夫人)等去吴淞口游玩,我写了《北归歌》,是二幕剧中的一支插曲:

　　　　在海的那边,
　　　　天是那样的青,
　　　　那常年飘着雪的北国,
　　　　有企望着的眼睛……

　　那天吴似鸿拍了照片。这首歌在1931年10月20日,由在哈的李玛丽女士演唱。李玛丽是我在哈的朋友,多年不见,也不知她的消息。时间过去半个多世纪,一切都变了,不变的只有这些记忆!

1980年2月1日于北京

我是没有离开过艺术的人
——1965年写的自传

塞克，原名陈凝秋，男，汉民族，出生于1906年7月，河北省，霸县（今霸州市），后卜庄人，年五十九岁。

现住北京东城区西堂子胡同一号。

我是在大革命前，1923年，正是军阀混战的年代，因受五四运动影响，与家里闹冲突离家的，离家之后，再没有和家里来往。我父亲叫陈绪堂，大约有五六亩地，自己耕种。

离家之后，我就自己生活，那时只读过十一年书，知识有限，学习的愿望极高，在哈尔滨《晨光报》编副刊时，我经常是白天自己阅读，晚间编报，当时新出版的刊物，几乎全部看过，也读了些苏联文学作品，自己经常写些诗歌小品之类的作品。

这时，在我认识的朋友中，有苏子元、韩乐然，他俩都是中共党员，苏子元供给我的稿子最多，内容多半是介绍马列主义的文章。韩乐然是上海美专第一期毕业的朝鲜画家，他也是共产党员，后来由他介绍认识了苏联画家斯捷潘诺夫，开始跟苏联画家学画及俄文。

五卅惨案发生时，出过专刊，编过小册子。

1926年因发表文章在哈尔滨被捕，报纸停刊后经群众团体营救出狱。

1927年至1928年间，开始在上海艺术大学学画，后来又改为搞戏剧，艺大改为南国艺术学院，接着又改为南国剧社，这期间就专演剧了。

1928年秋，因为要去苏联，离开上海的南国剧社到哈尔滨去，这时思想上很不满意上海文艺界的状况，同时也不承认自己，这期间，不但不愿看新出版的刊物或文学作品，连自己的画也都丢了，自己每写出一个新作品，看两遍就撕掉，怎样也写不出一点儿对人民有用的东西，而自己去苏联的理想又不能对人说，说出就有被捕的危险，因为当时东北的环境极其反动。而我的生活情况，又是没有职业，没有钱，真是前进不能，停留不得，后退又不甘心，这中间到过一次满洲里，还是无法出境，没停留几个月就被警察追捕又逃回哈尔滨。

这样的日子一直继续到"九一八"，这时跟我最接近的一个朋友叫金剑啸，是共产党员，我们俩商量去苏联的事，他因家庭缘故未能走成，后来得知此人在抗战前已经牺牲在黑龙江。

1931年冬季到了苏联的伯力，被扣押在边防军的机关，遭到了极大的误会，原因是没有合法的入境手续。

1932年春从苏联回到东北的绥芬河，正赶上当地驻军一个团起义抗日，号称自卫军，张治邦是自卫军司令，我参加了自卫军，在宣传部工作，这时周保中也来了，他也在宣传部。没多久，张治邦丢下部队逃往关内，我们也分散了。此后周保中转到救国军做参议，那时李延禄在救国军做参谋长。当年冬天我同沙蒙来到关内。

以上这一段是东北抗联以前的事。

自从"九一八"以后，我的艺术风格突然改变了，写《流民三千万》时，是激昂悲愤，写《救国军歌》时，情绪又上升了，一变而为坚决顽强，到了七七抗战写全面抗战时，一听说卢沟桥打起来了，不待思索，词句冲口而出，所写出的歌曲，马上在广大群众中流传开，而且变为行动的口号。"九一八"前的老调调一扫而光，一点儿痕迹都没有了。

在1935年至1936年间，在上海同吕骥、星海、张曙等人组织"中国歌曲作者协会"开展歌咏救亡运动，抗战前的救亡歌曲，大部分是这时期写的。

1937年七七抗战后，上海成立"中华全国戏剧界抗敌协会"，被选为协会理事，马上组成救亡演剧第一队。在七七事变十天之后，就出发到西北进行宣传工作。1937年冬季在山西参加了西北战地服务团。这年写了《突击》剧本，由"西战团"演出。

1938年秋末冬初到的延安，开始在鲁艺做教授，毛主席第一次提出搞生产运动时写了《生产运动大合唱》，1939年给鲁艺导演了《九一八前后》，给边区剧协导演了《钦差大臣》。

1940年任延安青年艺术剧院院长，在青艺导演了《铁甲列车》。

1941年被选为陕甘宁边区参议员，同时兼政府文化工作委员会委员。

1943年至1945年，调延安中央党校学习。

1946年任热河省文联主任。

1947年在哈尔滨任东北文联戏剧委员会主任。

1948年，长春和沈阳解放以前，在四平任辽北省教育厅副厅长，这年我的主要工作是办辽北学院，用辽北学院接收从敌区来的东大、长大等校的学生给以革命教育，这些学生经教育后很快分配到该省各专区各县担任文教工作，这一年是东北解放战争最激烈的一年。

1949年参加了第一届全国文代会，同年任东北鲁艺学院院长。

1950年，任鲁艺院长同时，被任命为东北人民政府文教委员会委员。

1951年任东北人民艺术剧院院长。

1953年调北京任中央实验歌剧院艺术顾问至今。

我的家庭经济情况是没有田地、房屋、牲畜,没有雇工、作坊、商店,在抗日战争和解放战争年代是供给制。新中国成立后薪金制,没有别的生活来源。

家庭成员:除我和爱人外,有六个孩子,四个孩子上学,两个还小。一共是八口人。

一生中没有参加过什么党派、会道门,我参加的都是艺术团体。

被捕过两次,一次是1926年在哈尔滨,一次是1934年在上海。坐过三次监狱,哈尔滨一次,苏联一次,在苏联这次坐监狱,是我自己找到苏联边防军的机关,因无护照入境给扣押的。第三次是上海。

在这三次监狱生活中,没自首过,没变节过,没叛变过。

全部历史在延安党校整风时对党做过交代,经过审查,结论无政治问题,是一部进步的历史。

现在回头看我一生的经历,从1923年离家走入社会独立生活到今天,已有四十二个年头。我接受党的影响,可说是最早的,在进延安以前,绝大部分年月是生活在白区,不论在南方还是北方,总有党员跟我在一起,而自己对党对革命又不是没有认识没有要求,或是态度不坚定,都不是的,要是没有一定认识的话,完全可能早就和别的党派混到一起去了。而我又不是像一般人那样当白色恐怖严重,革命处于艰难的时期就怕革命,我不是那样的人,我是什么风险都不怕的,不论什么样的日子,什么样的艰难困苦,我都能过,都能忍受,而且越是困难越乐观,越处之泰然,这完全是在旧社会长期受生活折磨,与到处受摧残,形成这样一种傲视一切的特殊性格。我这个人,一般说来是很难挫伤我的,唯去苏联那件事,给我的伤害很大,可以说这次的伤害影响到我这个人的一生,只要仔细研究过我这个人的特点和我的历史,这一点是不难明白的。

我是从青年时代开始学艺术，到现在从没离开过艺术的人，在我走过的艺术道路上，是有一条鲜明的线索，可以看出每个历史阶段，我的思想面貌和动态。

我是每时每刻都在磨炼自己的艺术武器，我是把学到的一切，和生活中体验到的一切都集中融汇到艺术里，通过艺术创造和艺术活动为革命工作，发挥我的作用，这种作用一定要通过演出团体的不断实践，不断总结，一道提高前进。我最怕的是把我当作家看待，要我像作家那样一个人去进行创作活动，我就毫无办法了。我是一时一刻也不能离开演员，一离开演员，离开作曲家，我什么都表现不出来了。

我是最懂得搞艺术就是搞人，艺术学就是人学，艺术影响也是为了教育人，提高人的革命品质和战斗力这一问题，在我的艺术思想中，什么时候都没有说过把艺术和人可以分开。几十年来我搞艺术教育一直是先从教育人出发，有了革命的艺术家才能产生为革命所需要的艺术。所以在1965年京剧改革运动中，听说"艺术学是人学"这句话，我认为提得深刻。只有这样说才能说出问题的根本所在。

推动我的文艺思想前进的一个最根本的关键，是1942年在延安参加了毛泽东同志召集的文艺座谈会和经过在中央党校学习之后，在这期间比较深入地了解了党的政策路线、文艺方针，另一方面仔细地印证了自己的艺术实践经验，更觉得坚持毛泽东文艺方针，是每个革命的文艺工作者天经地义的神圣天职。正是因为这样，才大大提高了自己在文艺岗位上的工作能力和战斗力。也正是因为这样，才使自己在任何情况下，对待艺术问题不迷失方向，对待任何作品，不失掉清醒的判断能力。

在文艺思想上是这样，讲到对革命的贡献，由于我政治方面的缺陷，那就太微弱渺小了，尤其对艺术青年，我本来应该对他们有些用处，可是没能给他们应有的帮助，觉得很对不起他们，不能把自己的能力，充分发挥到帮助艺术青年们的成长方面，这是非常抱歉的事，同时也是对不起党长期给我的教养和关怀。

时代的歌手
——忆塞克

周而复

一

"我以为根本问题是在作者可是一个'革命人',倘是的,则无论写的是什么事件,用的是什么材料,即都是'革命文学'。从喷泉里出来的都是水,从血管里出来的都是血。"

鲁迅这段话,我以为塞克是个很好的例证。现在一般年轻人大概很少知道塞克这个名字了,更少的人知道陈凝秋这个人了。(20世纪)20年代后期和30年代,陈凝秋(笔名塞克)这个名字可是非常响亮。

他十七岁的时候,反对父亲包办婚姻,愤而离家出走,孑然一身,到处流浪,当过医院的抄账、更夫、文书、教员,画广告,讨饭为生,坎坷贫困的生活养成他倔强、孤僻的性格。他说:"我在艺术方面的知识和才能,绝大部分是靠自修和生活体验中得来的。追求艺术是我的总目标,做什么职业,却看成是生活的手段,也很少考虑别的。"他任哈尔滨《晨光报》副刊主编,刊登南方共产党人和进步知识分子提倡革命文学的理论文章,例如萧楚女在广州农民讲习所的讲话等,宣传马列主义。因为刊登《欢迎北伐军进驻武汉》这篇文章,他和《晨光报》社长、主编同时被捕入狱,营救释放,他于是远走上海,投奔当时号称"革命的南方"。

到了上海,他生活拮据,一文不名,找到主持上海艺术大学文科的田汉,坦率地提出要求:"我要读书。"可是他没钱缴纳学费。田汉慷慨地说:"来吧,欢迎你。"陈凝秋提出了第二个要求:"我没有钱吃饭。"田汉说:"我给你想办法。"由学校供给。他进入文学系学习。

上海艺术大学既非公立大学,又非有钱有势的私立大学,是一所还没有立案的穷学校,设文学、美术、音乐三系。学校经费十分困难,热心艺术的田汉,想了一个点子:举办"鱼龙会",筹措经费,扩大影响。所谓"鱼龙会"也者,指校内学生是小鱼,而社会著名的艺术家如欧阳予倩、周信芳和高百岁他们是龙,共演出七个剧。欧阳予倩、周信芳、高百岁、周五宝和唐槐秋、唐叔明等合演《潘金莲》。陈凝秋、左明、陈白尘、唐叔明等演菊池宽的《父归》。左明扮大哥,陈白尘扮二哥,唐叔明扮女儿,陈凝秋饰演主角父亲。陈凝秋没有上过戏剧学校,也没有读过戏剧表演系的课,不是科班出身,而是半路出家。

菊池宽的《父归》主要写小资产阶级的父亲行径荒唐另有新欢,离家出走,抛弃妻子儿女,在外边流浪多年,生活贫困,无以为计,不得不回家。妻子与次子和女儿都欢迎父亲留下,唯独大儿子反对,要赶他出去。他消沉、苦闷,感慨万端,只好再次离别家庭。陈凝秋曾经有过流浪生活,尝过困难贫穷的生活滋味,因此有切身的体验。这段贫困潦倒的生活给他扮演父亲提供了良好的表演基础。他以激情表演父亲深刻的内心活动。他后来回忆这次演出的时候说:"演《父归》,我的台词归纳起来没有一句话是读出来的,全是感情冲击出来的。读一段台词,要讲究章法旋律,我按着诗来念,把它诗化了,诗的气氛很浓，甚至人没有出场，感情分子就充满了舞台。"

赵丹回忆再次演出《父归》的时候，说陈凝秋"老早坐在墙角，酝酿情绪啦，已经感伤得快要哭了。……轮到陈凝秋演的父亲上场了，后台一声苍老而微颤的'得——罪！'不由得人悲从中来，早把我的眼泪勾了下来了。……陈凝秋却悲悲戚戚，早已忘其所以了……犹自陶醉在感伤不已中……"赵丹认为他的表演是受陈凝秋的深刻的影响。

田汉对陈凝秋的表演艺术评价很高："全体甚为成功，扮父亲的陈凝秋君的成功尤可记录，恐怕自有菊池此剧以来，即在日本演父亲的亦无有过凝秋者（后来唐槐秋氏也演得好，不过受了凝秋的影响）。"

陈凝秋扮演父亲，一举成名，誉满上海。这以后，他在《古潭里的声音》《战栗》《南归》《一致》和外国戏剧《莎乐美》（英国唯美主义代表人物王尔德作品）、《卡门》（田汉根据法国作家梅里美同名小说改编的六幕剧）里扮演了不同的重要角色，获得好评，特别是扮演《南归》里的流浪汉，非常成功。《南归》是田汉根据塞克的诗集《追寻》而写的戏剧。田汉说："陈凝秋君第二次由哈尔滨南来，我看了他的《归程》的诗，又听他对我低声细述归后的情形，我深深地感动了，想到一年前似写而未写的《南归》，我决心以他为主人公而着笔了。"

《南归》的剧情并不曲折复杂，也不跌宕起伏，写一个农村少女心仪流浪者，每天默诵流浪者在树皮上刻下的充满感情的动人诗句，像火一样燃烧着少女的天真烂漫的心窝；流浪者遗下的破鞋，她每天晚上枕在上面，追寻流浪者的足迹，驰魂恋人，因为这破鞋曾经随他走过冷酷的监狱，同他涉过万里重洋，她一心一意怀念这个"来不知从哪儿来，去不知向哪儿去的"流浪者。他像是一只在人生的大海上漂泊无定的帆船。她拒绝那些美貌青年的求婚者，忠诚不渝地等待流浪者。流浪者回到北方故乡以后，又悄悄南归了。少女的母亲不喜欢流浪者，谎称她的女儿已经有了对象，流浪者来迟了一步，流浪者误以为真，悄悄地走了。少女发觉流浪者受骗，毅然决然追寻他到遥远的地方去了。田汉倾注浪漫的幻想和浓厚的诗意改编，全剧充满了真挚感情，充满了盈眶的热泪，一句句一声声令人肠断。塞克在剧中扮演流浪者，非常出色，打动了千千万万观众的心灵，收到十分成功的效果。因为剧中的流浪者，就是塞克，就是塞克生活的写照，他生活落拓不羁，浪迹天涯，当然演得惟妙惟肖，感染了观众，无不洒一掬同情之泪。陈白尘在《鱼龙会到南国艺术学院》一文中说："陈凝秋在《父归》中演父亲，每一次都是涕泪滂沱，湿透襟袖……后来，吴似鸿在《南归》中演少女，陈凝秋在同剧中演流浪者，更把这种演技发展了，遂形成南国社以后一个时期在演技上的风格。"

塞克演出《南归》以后，说："《南归》写我，我一演，别人怎么也替不了。这说明演戏要有时代感、真实感。你在舞台上表演的东西是代表来看戏的每个人的情感，每个人心中要说的话的。他说不出来，你却替他说出来了，他怎么能不感动呢！那时，知识分子是苦闷的。田汉先生写戏，又是从我们这些人的性格出发的，又让我们自己去演。"

塞克导演和主演《雪的皇冠》，是舞台上的绝唱。《雪的皇冠》是美国作家爱默·赖斯的作品，刻画沙俄皇帝被废黜后流放到西伯利亚，挈妇携子在茫茫荒原上度着孤寂凄凉的生活。旧大臣化装潜来，企图劝说皇帝复辟。皇后与皇太子为之动心，只待皇帝一下决心，便前去争夺失去的皇帝宝座。经过激烈的思想斗争，皇帝终于拒绝旧大臣的效忠皇室的阴谋，宁愿降为平民百姓，用双手自食其力。塞克演被废黜的皇帝，身穿俄国衬衫（塞克平时爱穿的），脖子上围着一条破旧围巾，脚穿长筒马靴，肩扛铁铲，迈着沉重而又疲乏的步伐，向舞台走来。年幼皇太子一见父皇，扑将上去，皇帝轻轻一吻，放下铁铲，在孩子搀扶下，走进室内，一屁股侧倒在木椅上，伸个懒腰，伸开四肢，接过皇后送来的一碗热茶，便大口喝茶，深情地凝视皇后……塞克不借助外在的技巧，不借助夸张的动作，不借助强烈的节奏，只是真实地展现生活面貌，活脱脱地描绘出一个废帝的流放生活，他一出场就抓住千百观众的注意力，把观众带到人物内心世界去了。

赵丹对塞克在《雪的皇冠》所展示的表演才华赞赏不已："我至今还清晰地记得他在最为沉痛的当口……将左手摔在桌面上，再以右手抚摩自己的左手，一点一点地往上捏抓着，随着力量的支配，偏侧着头，昂起头直望长天……更配合着他那黄钟大吕般的嗓音，铿锵有力的台词，使人想到罗丹的塑像，贝多芬的乐章。那天尽管天热得发疯，但待到那段独白说完，剧场里连掉下一根针来都听得见，而后，全场观众简直像是发狂似的鼓起掌来。"赵丹说："陈凝秋好比是京剧界的金少山，天赋的好身材，高大个儿，天赋的好嗓子，声若洪钟，以气势气质取胜，浑然一体，不见半点儿斧凿痕迹……看到这样的戏，才知道什么叫作艺术和它的魅力。"

有人认为陈凝秋的表演艺术的特点是本色表演，因为他扮演的角色之所以成功和他个人流浪生活有关，也就是说他扮演的角色接近本人，这当然不无道理；如果说表演艺术家除了应有修养以外，还必须深入生活——深入他所扮演角色的实际生活，演出和创造角色才有可能成功，是否更贴切一些？

二

陈凝秋不仅仅是一位卓越的表演艺术家，而且是著名的导演和剧作家。我最初读到他的剧作是1936年4月左右，当时我和田间、马了华、王元亨在共同编辑《文学丛报》月刊，大力支持的是鲁迅先生。

一天聂绀弩拿来《流民三千万》剧本，我们看了，认为很合时代的需要，便发表在1936年6月1日出版的第三期《文学丛报》上。这一期还发表了陈白尘的独幕剧《中秋月》。

1931年9月18日，日本侵略军制造事端，强占东北三省，白山黑水陷入敌手，中国人民在敌国铁蹄下，过着暗无天日的奴隶般的生活，不断与日本侵略军斗争。国民党当局实行不抵抗政策，一再退让容忍。各阶层人民要求抗日救国的呼声遍于全国，文艺界更是群情激昂，用笔表达人民的心声，认为："中华民族到了最危险的时候，每个人被迫着发出最后的吼声！"

在这样严峻危急的时候，我们读到《流民三千万》怎么能够不欢欣鼓舞呢？这剧主要内容是写日本侵略军诬陷二百五十位矿工协助抗日救国军破坏了铁路，用小钢炮轰击他们，死的死，伤的伤，散的散，抓到了其中十二位矿工，强加"罪名"，定为"罪犯"，锒铛入狱。"犯人"之一周克明是知识分子，在狱中饥寒交迫，濒于死亡，其妻李蔚枝相濡以沫，准备给丈夫一点儿食物，日军发现，立即揪住她的耳朵，以头部撞碰栏杆，流血而死。他母亲也被敌人打得遍体鳞伤，满地爬滚，呼天唤地。敌人进一步迫害，活埋周克明，要其他"犯人"挖坑填平，当周克明被埋得只剩头部时，他们不忍继续填土，敌人却用马靴猛踢周克明头部，流血不止……

舞台上发出悲壮、凄凉、苍劲的主题歌声：

　　殷红的血，映着火红的太阳，
　　突进的力，急跳着复仇的决心。
　　我们是黑水边的流亡者，
　　我们是铁狱里的归来人。
　　暴日的铁蹄踏碎黑水白山，
　　帝国主义的炮口对准饥饿的民众。

青天已被罪恶的血手撕裂，
长空飞闪着血雨腥风。
我们衔着最大的仇恨，
我们拼着最后的决心，
洗清我中华民族的国土，
开辟条解放奴隶的先路。

这剧是敌人残暴嘴脸的画像，是三千万流民的血和泪的控诉，是重重压迫下一把犀利的投枪，是中华民族不屈不挠的斗争史诗。正如塞克自己说的那样："毫无疑问的，每个作品之产生必须作者生活过，从生活的大海里提取出尖锐有力而明确的思想形象与素材，经过相当时间的孕育，才能写出比较完整的高级的作品。"《流民三千万》就是他实践的硕果。

剧本在《文学丛报》发表后，引起广大读者强烈的反响，希望多刊登这类题材的作品。当时反映东北沦亡的作品受到普遍欢迎，如萧军的《八月的乡村》、舒群的《没有祖国的孩子》等等。

在全国人民普遍迫切要求抗日救国的呼声中，敌人又无端制造卢沟桥事变，侵略者的铁蹄从东北伸向华北。国共两党合作，形成抗日民族统一战线，终于揭开了全面抗战的序幕。1937年7月22日，塞克满怀抗敌的激情，参加在上海的剧作家集体创作的《保卫卢沟桥》三幕剧。他和马彦祥、凌鹤、王震之、姚时晓、姚莘农合写第三幕《全民的抗战》，把他多年来被压抑在心中的渴求抗战的火样的热情倾注在戏里。卢沟桥的侵略炮声的消息传到上海的时候，他就酝酿了这样著名的词句：

敌人从哪里来，
把他打回哪里去；

敌人从哪里进攻，

　　就把他消灭在哪里。

　　谱成歌曲，传遍前方，传遍敌后，传遍全国，突出地表现了中华民族的坚强意志。我和其他观众一样，看了这出戏在上海南市蓬莱大戏院公演，都想投笔从戎，或者带笔从戎。八一三事件爆发，淞沪战场的烽火点燃了。塞克参加上海救亡演剧队第一队，经南京、武汉、河南，到了陕西、山西，在临汾参加西北战地服务团，团长是丁玲。这时他和端木蕻良、聂绀弩、萧红等集体创作了《突击》三幕话剧，主其事者，实为塞克一人。

　　《突击》的剧情写1938年初春，日寇劫洗村落，难民被迫逃至太原附近山坡。田大爷之子被敌人杀害。李二嫂之子惨死敌人刀下，自己复被敌人奸污，精神失常。村中壮丁王林、赵伍组织群众复仇，青年农民石头与少年福生响应参加，共同前往敌人据点夺枪复仇。福生惨遭敌人毒手，群情激愤，村民联合起来，持枪杀向敌方。在抗日战争期间，这样的事实不断发生，具有普遍意义，而在抗战初期就搬上舞台，是抗战戏剧的先河。塞克谈到《突击》的创作和演出，他说："是主要地向那些日本法西斯，向那些惯用手榴弹与机关枪的强盗，提示着武士道和毒瓦斯是不能烧完全中国人民的血、冤屈、仇恨，是不能摇撼全国人民唯一的自卫的向敌人突击的意志。"

　　茅盾在《文艺阵地》第一卷第四号上为文评介："……编剧者、导演、演员都是真真实实生活在《突击》里的人，这是它最大的特色。我觉得现在有些写农民奋起自卫的作品就已经有了一个公式：受了荼毒农民不知道怎样干，革命青年来做军师，领导他们。或者，模仿着《毁灭》，青年贫农最坚决，领导着斗争，没有富农参加，更不必说村公所长之流了。这两个公式，前者是知识分子自大意识的无形流露，后者又是'左得可爱'的'革命理论'的生吞活剥。读了《突击》应得有点儿反省才好。原来村公所长童先生的'封建意识'浓厚得很，然而有了这些'腐败思想'的他，报仇之念、突击的意识还是很坚决的。封建头脑的人也能抗战，田大爷是富农或许还是小地主，但他和石头他们站在一条战线上。富农也是抗日的。《突击》最大的优点就是真实，就是一点儿也不公式化。"

在日本帝国主义者侵略下，民族矛盾上升，阶级矛盾下降，国共两党合作，中国包括地主与资产阶级在内的各个阶级，形成抗日民族统一战线，敌忾同仇，民族意识昂扬，在抗日救国的旗帜下，全国人民团结得坚如磐石，共同对付侵略者。《突击》可贵处，就是摆脱过去的公式，真实地描绘了全民族抗战的悲壮激昂的画面，表现了"全中国人民唯一的自卫的向敌人突击的意志"。

塞克参与集体创作的剧本还有《八百壮士》（与宋之的、王震之、丁里、王余杞、崔嵬合作），歌颂上海守军八十八师五二四团团副谢晋元于1937年10月26日奉命率八百官兵坚守闸北光复路四行仓库，掩护主力部队撤退。八百壮士孤军坚持战斗四昼夜，给敌人以重大杀伤，奉命撤出阵地，退入公共租界。这是一首气壮河山的英雄史诗，名闻全国，震惊世界。他写了《歼灭》（与周伯群合作）等剧。他还写了《争取最后的胜利》《狱》《铁队》，内容都是抗日救国的，无不贴近当时关系中华民族命运的战斗生活。经过八年艰苦卓绝的战斗，中国联合苏联、美国和英国等盟国打败日本法西斯，日本天皇以广播《停战诏书》的形式，宣布无条件投降。

民族斗争取得最后胜利，国民党当局抢夺胜利果实，梦想消灭共产党及其武装力量，点燃了内战的烽火，阶级矛盾上升了，成为国内的主要矛盾。这时塞克写了《翻身的孩子》四幕歌剧。这剧主要写三个孩子：狗剩、百顺和王福明。狗剩之父为汉奸恶霸活阎王诬陷为"经济犯"，折磨丧生，其母为活阎王奸污霸占。孩子不知其中悲惨秘密，直到新中国成立，人民当家做主，惩治汉奸恶霸，其母在清算复仇大会上倾吐悲惨的遭遇，才了解自己的出生身世，控诉阶级压迫，歌颂幸福的翻身的新生活！

三

塞克是诗人，是杰出的歌词作者。（20世纪）20年代中期，他以《追寻》和《紫色的歌》两部诗集登上文坛。1956年，他为首都人民英雄纪念碑创作了长诗《纪念碑》。他写的歌词更是风靡全国，像上面提到的中国第一首救亡歌曲《流民三千万》就是他的杰作。又如下面这首《救国军歌》：

> 枪口对外，齐步前进！
> 不伤老百姓，不打自己人！
> 我们是铁的队伍，我们是铁的心！
> 维护中华民族，永做自由人！
>
> 装好子弹，瞄准敌人！
> 一枪打一个，一步一前进！
> 我们是铁的队伍，我们是铁的心！
> 维护中华民族，永做自由人！

这儿需要简略说明历史背景。这首歌词是塞克1935年夏初写的。1931年九一八事变，国民党当局采取"不抵抗政策"于先，接着又提出"攘外必先安内"的错误政策，对中华苏维埃地区进行五次"围剿"，企图先消灭共产党及其武装力量，然后再谈怎样"抗日"，"灭共"是真，"抗日"是假。当时国民党当局赞成"中日提携，共同防共"。外敌压境，内战不已，抗日有罪，内战有赏。谁要是反对"剿共"和内战，轻则坐牢，重则杀头。1935年8月1日，中国共产党发表《为抗日救国告全国同胞书》（亦称《八一宣言》），揭露日本帝国主义侵华罪行和国民政府不抵抗政策及内战政策所造成的民族危机，再次向全国呼吁各党各派各界各军以"兄弟阋于墙外御其侮"的真诚觉悟，停止内战，一致抗日。号召全体同胞总动员，集中人力、物力、财力，为抗日救国的神圣事业而奋斗。

在当时这样复杂的政治空气中，塞克坚持正义，刚正不阿，敢于提出"枪口对外""不打自己人""装好子弹，瞄准敌人"，实际上是一首反对内战要求抗日救国的战歌，这是何等胆识，何等气魄，何等勇敢！它反映出全国人民内心深处的声音，无怪乎"维护中华民族，永做自由人"的怒吼，响遍全国城市和乡村，表达了全国男女老少永不屈服的坚强的意志！

抗战期间，延安和敌后民主抗日根据地在艰苦困难的条件下坚持全民抗战，前者受到国民党胡宗南部队封锁，后者遭到日寇的封锁和扫荡，物质生活极端困难，特别是粮食是敌我争夺的重要战略物资。怎样解决这个极其重要的困难呢？

1938年12月9日，在延安青年纪念一二·九运动三周年大会上，毛泽东同志代表党中央提出开展生产运动的号召，要"大家动手，丰衣足食"。散会以后，毛泽东同志和塞克他们一道吃饭，谈到开展大生产运动的重要性，对他的启迪很大。很短时间内，延安大生产运动蓬蓬勃勃开展了。我在陕甘宁边区文化协会工作，每天当红日刚刚从东方升起的时候，我们走出窑洞，身披晨光，肩扛铁铲或者锄头，成群结队，上山开荒了。

塞克和冼星海在延安鲁迅艺术学院教课，也和我们一样上山开荒了。冼星海要他写一首歌词，并且要求他"写个厉害的"。他回忆毛泽东同志和他谈开展大生产运动的战略意义，是争取抗战胜利必不可少的重要步骤，鼓舞了这位时代的歌手。他认为当前"最厉害的"，要数这个具有历史意义的大生产运动了。他于是构思，对大生产运动的热情像泉水般在不断涌出，写下了这样的歌词：

　　二月里来呀好春光，
　　家家呀户户种田忙，
　　指望着今年收成好，
　　多打些五谷充军粮。

　　二月里来呀好春光，
　　家家呀户户种田忙，
　　种瓜的得瓜呀种豆的收豆，
　　谁种下仇恨他自己遭殃。

　　打敌人的方法呀有多种，
　　在后方生产也是一样，
　　今年要勤耕种超过往常，
　　多收获多缴粮支援前方。

　　加紧生产哟加紧生产，
　　努力苦干努力苦干，
　　我们能熬过这临时的困难，
　　最后的胜利就在眼前……

　　他写完了歌词，交给冼星海，迅速配了曲子。这首具有民歌风格的歌曲，用明白易懂的大众口语写出，散发着乡村泥土气息，洋溢着战斗的乐观精神，使人们懂得大生产运动的伟大意义。曲子谱得生动、活泼、风趣，使人们喜见乐闻，朗朗上口，受到延安广大军民的欢迎。嘹亮欢快的歌声在西北高原飘荡，铁铲和歌声同舞，生产与战争并进，迎来了丰收，粉碎了困难。

西北高原上的歌声很快传遍了陕甘宁边区和敌后民主抗日根据地。1939年秋天，我从延安到敌后晋察冀民主抗日根据地，在军区工作，和政治部同志一道开荒生产，几乎每天都要唱这首歌曲。我虽然不会唱歌，也充当南郭先生，实系南箕北斗。

1980年，塞克写了《松花江之歌》：

　　……江上的晚风啊，
　　　你轻轻地抚摩着我胸中
　　　　那难忘的日日夜夜。
　　啊，有多少我的朋友，
　　　有多少我的同志，
　　牺牲了先烈，
　　　换来了你今天的幸福……

在打败民族敌人和阶级敌人以后，新中国的曙光在东方冉冉升起，在享受幸福的时候，在恣情的欢乐中，缅怀先烈，回忆创业的艰辛，努力建设未来，诗人怎么能够不流露出积蓄在胸中多年的深情呢？忘记过去，等于背叛！他始终和时代的脉搏一同跳动！

四

列宁曾经称誉列夫·托尔斯泰是俄国革命的镜子，我认为这个称誉用在塞克身上，也无不可。托尔斯泰和塞克在思想上有极大的差异，托尔斯泰是发狂的笃信基督的地主，一个颓唐的歇斯底里的"托尔斯泰主义者"，竭力鼓吹"不用暴力抵抗邪恶"，鼓吹宗教，"力求让有道德信念的僧侣代替有官职的僧侣""培养一种最精巧的因而是特别恶劣的僧侣主义";另一方面,托尔斯泰是最清醒的现实主义者,"无情地批判了资本主义的剥削,揭露政府的暴虐以及法庭和国家管理机关的滑稽剧,暴露了财富的增加和文明的成就同工人群众的穷困、野蛮和痛苦的加剧之间的深刻矛盾。"(以上引语都是列宁说的)塞克在思想上没有这些突出的矛盾,他是爱国的革命的知识分子,虽然出生于河北省霸县(今霸州市),但他比较长期在东北生活和工作,在哈尔滨居住的时间最长。1924年,这位十八岁的青年任哈尔滨晨光报社副刊主编,就刊载南方共产党人和进步知识分子倡导的革命文学的理论文章,深受创党初期的共产党人萧楚女及其作品的影响。1926年因为发表文章,欢迎北伐军进驻武汉而被捕入狱。1927年参加田汉领导的南国社,开始进步的话剧、电影表演艺术和导演生涯,还翻译了高尔基的《夜店》和许多苏联歌曲。中国第一首救亡歌曲就是塞克写的《流民三千万》。抗战以后,他投身抗日战争的洪流和解放斗争,写了上述的剧作。可以清晰地看出,他从爱国的青年走向革命道路的足迹,没有托尔斯泰的那些思想上的矛盾。当然,他在艺术上的成就,不能和托尔斯泰相提并论。"如果我们看到的是一位真正伟大的艺术家,那么他就一定会在自己的作品中至少反映出革命的某些本质的方面。"(列宁:《列夫·托尔斯泰是俄国革命的镜子》)我是在列宁说的这个意义上认为塞克是中国革命的镜子。

  我和塞克神交始自1936年读他的《流民三千万》剧本,直到1938年秋天我们才在延安晤面,一见如故,侃侃而谈,推心置腹。因为他在鲁迅艺术学院教课,我在陕甘宁边区文化协会工作,谋面的机会不多。有时,我们在清凉山下偶然遇到。他老是穿那件列宁装和棕色阔大的西装裤,高大的身体,昂首阔步,有时俯首低吟,在潺潺的延河之滨,独往独来。我仿佛看到当今的屈原行吟泽畔。我和他轻轻招手,有时并肩踽踽而行,有时寒暄两句,握手告别,让他独自在河边走去。

这以后，1939年秋天，我离开延安，参加第十八集团军总政治部和陕甘宁边区文化协会共同组织的文艺小组，和诗人鲁藜一同到敌后晋察冀民主抗日根据地去了，直到1942年冬天才回到延安。我住在中华文艺界抗敌协会延安分会（简称"文抗"），从大后方来的和从敌后回来的作家大部分都住在文抗。他和夫人陈克辛住在青年艺术剧院。

1942年，延安开始进行带普遍性的整风运动，住在文抗的作家大部分都到中央党校三部参加整风运动去了。因为我刚从敌后回来，敌后八路军和广大人民的战斗生活，需要以文艺形式及时反映出来，组织上决定我到桥儿沟西山"创作之家"，给我的任务是：创作。非党作家塞克夫妇，艾青、韦嫈夫妇和杨朔等也来了。

桥儿沟西山下面是天主教堂，曾经是中共中央党校旧址，中央党校迁到北门外，延安鲁迅艺术学院搬来了。西山只有一排窑洞，朝东，我和杨朔分别住在南面的两个窑洞里，北面两个窑洞由艾青夫妇和塞克夫妇居住。窑洞前面是一块相当大的平台，我们开荒耕地，自己动手，丰衣足食。每个人包种自己窑洞前平台，留下走道以外，有二十平方米左右，种的是番茄和洋白菜。顾名思义，是洋菜引进的，前者当地叫西红柿，冠以西字，说明是舶来品；后者叫圆白菜，暗示与中国白菜不同。

塞克喜欢种西红柿，细心浇水，精心修枝，耐心搭架，墨绿色的叶子在架子上延伸，结着许多果实，从小长大，从绿色变白、变红，一颗一颗成熟了，果实累累，挂在架子上。塞克高大的身躯站在架旁，嘴里含着那只大烟斗，似抽不抽，聚神会精地凝视红艳艳的果实，丰收喜悦的浪花在他心中翻滚，却不把西红柿采下去吃。他舍不得，像画家欣赏自己画的出色美术作品一样，不忍心把它吃掉。他种的西红柿总是最后摘下，有的还是玛莎（即陈克辛）去摘的。

他生活在美的世界里，做事做人特别认真，种菜也不例外。他不依附权贵，不趋炎附势，疾恶如仇。他在延安曾帮助一个干部写剧本。这个剧本是集体创作。由于剧本主题适合当时需要，引起人们关注。那个干部有点儿飘飘然，自以为是了不起的剧作家了。反革命"四人帮"垮台后，他爬上大官的宝座，和塞克都在一个系统里工作，塞克没有忘记这位"剧作家"，曾经希望见他。这位"剧作家"当了官，架子大了，拒不会见。塞克十分生气，拍案发誓，从此割席，再也不愿见到这样"人物"了。

他住在西山，和普通劳动者往来。十分随和，毫无大艺术家的架子，可以席地而坐，可以促膝长谈，天南海北。他多年流浪的生活给他带来丰富的社会知识和风土人情。他有很多知心朋友，他的手杖可以做证。他有两个手杖，一个是在上面记他个人的重要事情，一个满满是他旧友新交的姓名，却不要依附权贵趋炎附势者的签名。在密密麻麻的名字当中，也有我的签名。他每次走出窑洞，或者下山上街，他总爱拄着这根杖。谁说他独往独来在人生的旅途上行走呢？他和数不清的知交天天在一起，不管是在窑洞里还是在路上。

在艺术上，他也不满足于扮演《父归》《南归》《雪的皇冠》里主角所取得的重大成功，也不满足于戏剧和诗歌创作获得引人注目的成就，他在《忆小友——剑啸》一文中说，"我为当时写诗作画不能摆脱小资产阶级情调，不能走出一条新的生活、创作道路而苦恼"。他参加毛泽东同志召集的延安文艺座谈会以后，对党的政策路线和文艺方针有了更加深入的进一步了解，觉得坚持毛泽东文艺方针，是每个革命文艺工作者的神圣职责。他说："对待艺术问题，要做到不迷失方向，对任何作品不失掉清醒的判断能力。"

我们在西山的生活很有规律，每天上午在各自的窑洞里构思或者写作；中午，休息一个多小时；下午，工作一段时间；中饭和晚饭是在那作为厨房的没有门的窑洞共进，然后就到平台上给西红柿和圆白菜浇水、剪枝、搭架，劳动了一阵，便闲坐聊天。塞克是青年艺术剧院的院长，他到"创作之家"来，准备创作剧本。艾青从"文抗"转到"文协"（陕甘宁边区文化协会），刚从三边深入生活回到延安，到"创作之家"写诗。杨朔从敌后回来不久，准备写反映敌后人民生活的短篇小说和散文。我主要在写短篇小说。

"创作之家"由中共中央西北局领导，分工由西北局宣传部主管，秦川同志是代表宣传部的联络员，负责反映、处理、解决我们在创作上和生活上的问题。

在晋察冀民主抗日根据地，日本侵略军不断进行有大有小的扫荡，一年大小扫荡数十次。在扫荡中，在一个村庄都住不上一宿，遇有情况，立即转移，要宿营几个村庄，才能闭上眼睛好好睡一觉，这时，天快亮了！从敌后回来，住在西山，不啻是进了静谧的"天堂"，以为可以安安静静创作一段时间了。可是西山下面鲁迅艺术学院的政治空气越来越紧张了。我在窑洞里写作的时候，或者在平台上休息的时候，看到鲁艺在教堂里或者露天开大会的紧张热烈的情景，不断发出地动山摇的口号声，促使人们"坦白交代"。

西山"创作之家"仿佛是世外桃源，写作生活像是一泓泉水在静静地流淌，没有浪花，也没有涟漪。那口号声如同一片石子投入静静的流水里，激起千层浪。艾青、塞克、杨朔和我被通知到中央党校三部参加整风学习去了。韦嫈、玛莎她们留下，和晚到的狂飙社主将高长虹同志一同在"创作之家"住下去。这是1943年七八月间的事，我只写了三四个短篇小说，就暂时停笔了，塞克要写的那个剧本大概流产了。

细流归入整风的大海，彼此相忘于"海上"。我们分别编在不同的支部（当时采取特殊措施，非党作家也编在支部里），互不了解。1944年冬天，整风学习尚未结束，个人的政治结论有待组织上做，周恩来同志找我谈话，调我到重庆新华日报社工作去了。

新中国成立后，我在上海工作十年，1959年调到北京对外文化联络委员会工作，塞克从东北调任中央实验歌剧院艺术顾问，比我早六年。中央实验歌剧院在1964年分为中国歌剧舞剧院和中央歌剧舞剧院，塞克继续担任前者的艺术顾问。虽然我们都在北京，因为工作岗位不同，谋面的次数不多，更没有时间深谈。

一场空前的历史风暴席卷祖国大地，我是对外文委第一批被打倒的"走资派"，而且"钦封"为周扬的"文艺黑线"人物，《上海的早晨》横遭批判十年之久，"四人帮""钦定"是"为刘少奇复辟资本主义鸣锣开道的大毒草"！我和塞克彼此音讯杳然，真像苏轼说的那样"十年生死两茫茫"！

从"大字报"和"小道消息"方面，约略知道一点儿塞克的遭遇："文革"一开始，他就受到林彪、江青的迫害，打成"反动学术权威"，经常批斗；1970年5月下放到河北蔚县西合营劳动改造，直到1972年年底，才因患高血压症，送回北京。我也是1972年12月从河南明港五七干校押回北京看病的，关在对外文委留守处。失去自由的"反动学术权威"和失去自由的"走资派"，当然不可能自由相见，虽近在咫尺，却如远在天涯，连信息也无法沟通。他在逆境中，仍然努力创作，《山歌唱给祖国人民听》倾吐他始终不渝的爱国爱人民的热情。这歌词由刘炽谱曲。

粉碎反革命"四人帮"，我们先后恢复了自由，我到全国政协和文化部工作。他患脑血栓和糖尿病，以衰老的病躯，回到哈尔滨，参加萧红七十诞辰学术讨论会，在开幕式上讲话，先后写了一些怀念冼星海等战友的文章，发自肺腑，十分感人。1988年11月18日因病在北京停止了思维。他在八十二岁高龄离开我们，不能说是"早丧"。但我们共同生活在西山时，他三十七岁，正是"峥嵘岁月稠，意气方遒"，大可作为。这以后，虽然他先后导演了现代京剧《九件衣》和历史京剧《秦始皇》，写的歌词如《我们要高举鲁迅的战旗》《大同江之歌》《朝鲜大捷歌》《丰收歌》《纪念碑》以及上面提过的创作等，但行政工作占去他不少时间,在"文革"中又被无情地剥夺了十年宝贵的光阴,加上二竖为虐,横溢的才华没有完全显露出来,就艺术生命而言,可以说是"早凋"了,不能不说是文学艺术界的重大损失。同声哀悼一颗灿烂的光芒四射的艺术明星陨落了!但他留下优秀的反映时代的艺术创作将永放光芒!

1990年7月23日于北京

(原载《新文学史料》1990年第4期)

革命文艺的先驱
——怀念塞克同志

晏 甬

我同塞克同志是在延安时认识的,后来在东北鲁迅文艺学院、中国歌剧舞剧院又工作在一起。相互理解和友谊,在工作接触中不断增长。

(20世纪)30年代初,我读《田汉剧本集》,很喜欢《南归》这个戏。剧中"流浪者"唱道:

> 模糊的村庄迎在面前,
> 礼拜堂的塔尖高耸昂然,
> 依稀还辨得出五年前的园柳,
> 屋顶上寂寞地飘着炊烟。
> …………
> 渐听得传言,
> 我家烧得片瓦不全。
> 父亲早已死了,
> 妹妹流落在天边。
> "那不是你家旧日的庭院,

那废墟上飘绕着荒烟？"

....

　　这诗反映了当时中国人民在帝国主义列强侵略下、在军阀混战中、在土豪劣绅压迫下的痛苦；反映了当时热血青年们的遭遇、感受和呼声。田汉同志在"附录"上讲，《南归》的主人公就是写的陈凝秋（即塞克），并由陈凝秋扮演剧中的主人公"流浪者"，这首诗也是陈凝秋自己写的，"经张恩袭作曲，由陈凝秋抱着吉他在舞台上哀歌，引起过多数青年的清泪的，便是他自己写的诗"。我当时是个中学生，由同情、同感进而喜爱陈凝秋的诗作了。

　　《南归》从诗作到表演，都是陈凝秋的成名之作，也是田汉、陈凝秋友谊的结晶。他们从《南归》中得到一个共同的结论，那就是"不能斗争的只有死灭"。这也是当时进步青年的共同结论。

　　塞克于1906年出生于河北省霸县（今霸州市），家有父亲、继母和妹妹四人，有耕地三五亩，自耕自食。幼年在家乡私塾、学堂读了十一年书，辍学后回家务农。1923年他十七岁时，因反对包办婚姻与父亲闹翻，愤而离家自谋生计。当时在社会谋生谈何容易，他孤独一人，四处流浪，干过医院抄账者、更夫、文书、教员，画过广告，甚至讨过饭。生活的磨难养成他的孤僻、倔强的性格。他自己说："我在艺术方面的知识和才能，绝大部分是靠自修和生活体验中得来的。追求艺术是我的总目标，做什么职业，却看成是生活的手段，也很少考虑别的。"

　　在哈尔滨，塞克开始是向《晨光报》副刊投稿，后来被聘为该副刊主编，结识了许多进步青年，其中有不少是共产党员。塞克一向非常勤奋。这时他白天读书，夜晚编报。他先后在《晨光报》上发表了南方共产党人和进步知识分子倡导"革命文学"的理论文章，宣传马列主义的文章和萧楚女在广州农民讲习所的讲话。1926年因发表《欢迎北伐军进驻武汉》一文，与社长、主编同时被捕，关了三个月，后被营救出狱，但《晨光报》也停刊了。于是塞克投奔"革命的南方"——上海。

田汉介绍塞克免费进入上海艺术大学，习文学、美术。1927年冬，学校举行"鱼龙会"，演出话剧、戏曲一周。塞克参加话剧《父归》的演出获得成功。塞克的表演才能被发现了，从此开始了他的舞台生涯。

1928年艺术大学解散，田汉创办"南国艺术学院"，设文学、戏剧、绘画三系，塞克同郑君里、陈白尘、赵铭彝等一同转入学院。后来学院改为"南国社"，塞克是该社的台柱子，演出过《战栗》《南归》《父归》《娜拉》《古潭里的声音》《莎乐美》《一致》……翻开《田汉文集》，在南国社演出的剧目中，每个戏码都有陈凝秋的名字。

除演戏之外，塞克继续写诗歌，出版了《追寻》《紫色的歌》两部诗集和诗剧《弟弟》。

大革命失败后，青年们思想很混乱，上海文艺界也是派别纷争，各持己见，讨论的是"文学革命""革命文学"。鲁迅说："我以为根本问题是在作者可是一个'革命人'，倘是的，则无论写的是什么事件，用的是什么材料，即都是'革命文学'。从喷泉里出来的都是水，从血管里出来的都是血。"此时塞克向往十月革命，想去苏联。1929年秋他第二次来到哈尔滨，因为没有关系，无法出境，两个月后又回到上海。塞克说："我当时写诗作画不能摆脱小资产阶级情调，为不能走出一条新的生活道路而苦恼。""我否定了上海文艺界，也否定了自己，把写的稿子撕了，扔掉……或是干脆不写……"

1931年塞克第三次来到哈尔滨，仍一心想到苏联去，当时他无职业、无钱又无关系，只好徒步走到满洲里，想偷偷越境出去。国境线守卫森严，他出不了国境，却被警察追捕，就又回到哈尔滨。他"决心前进，不后退"，不能去苏联也不回上海，一直坚持到"九一八"。

九一八事变的次日,塞克与好友金剑啸(共产党员,1936年牺牲)见面,两人坐在哈尔滨公园的长椅上交谈"帝国主义来,我们怎么办"。他们觉得要反抗日本帝国主义的侵略,一定要充实自己,并寻求可靠的反帝力量。塞克决定继续争取去苏联。这年初冬,由金剑啸、姜椿芳帮助,搭难民车到绥芬河,找到苏联驻绥芬河领事,要求去苏联,但领事却不同意。塞克就自行走过国界,被苏联边防军误认为是"国际间谍",关了三个月,于1931年春送出国境。

　　塞克一路讨饭来到北满小绥芬河,参加了抗日义勇军(抗日自卫军左路军),和周保中、李延泉等同志在一起,做宣传工作。作为诗人、艺术家的塞克不再彷徨,实地参加了血与火的战斗。但革命的道路是坎坷的,半年后塞克所在的抗日自卫军因领导人逃跑而散掉了。塞克怀着一腔热血同沙蒙一道从营口回到上海,1933年参加"左联"。

　　塞克到上海不久,就创作了歌词《流民三千万》:

> 殷红的血,映着火红的太阳,
> 突进的力,急跳着复仇的决心。
> 我们是黑水边的流亡者,
> 我们是铁狱里的归来人。
> 暴日的铁蹄踏碎黑水白山,
> 帝国主义的炮口对准饥饿的民众。
> 青天已被罪恶的血手撕裂,
> 长空飞闪着血雨腥风。
> 我们衔着最大的仇恨,
> 我们拼着最后的决心,
> 洗清我中华民族的国土,
> 开辟条解放奴隶的先路。

此曲由冼星海谱曲,唱出了他们此时的心情和愿望。

"左联"时代是塞克创作的高潮时期。他以日本帝国主义侵略我东北的目击者,"同胞被屠杀,土地被强占"的见证人,愤怒地喊出了"种子下地会发芽,海水洗不清这心头恨"(《心头恨》,贺绿汀曲);"官不抵抗民抵抗"(《赴战曲》,星海曲)。这个时期塞克与星海合作创作的歌曲最多,如《全面抗战》《救国军歌》《抗敌先锋》《跑关东》《苦命人》《血花曲》《少年进行曲》《打江山》《炭夫曲》《打铁歌》以及儿歌《谁跟我们玩》等等。这时期塞克也写小说和剧本。小说有《东线路上》,收入《东北作家近作集》;剧本则有《铁队》与《流民三千万》。《流民三千万》是多幕剧,曾遭国民党当局禁演,但于1939年在延安演出了。他还翻译了高尔基的《夜店》和苏联歌曲《水兵歌》《青年航空歌》等等。

塞克在上海先后组织了新地剧社、大地剧社、狮吼剧社,演出过《夜店》(他自任导演)、《雪的皇冠》和《贫非罪》……由他主演的电影有《铁板红泪录》(阳翰笙编剧、洪深导演)和《上海二十四小时》(夏衍编剧、沈西苓导演)等。

全面抗战开始,塞克参加了上海救亡演剧一队,经湖北、河南到达山西,在山西临汾参加了丁玲领导的"八路军西北战地服务团"做艺术指导,随团在山西前方、陕西西安等地演出,于1938年到了延安,在延安鲁迅艺术学院任戏剧系教授。

从亭子间到窑洞,文艺作品所描写的内容和对象都变了,塞克的创作风格和形式也在变化。从他与冼星海合作的《生产大合唱》来看,他们在寻找中国新歌剧的道路——采用民族民间的诗歌语言,表现革命根据地抗战、民主的新天地和翻了身的劳动人民。他们的尝试是成功的。一时"二月里来好春光"的歌声响遍边区开荒生产的各个山头。后来,通过各地文艺工作者的传播,这歌子唱遍全国,包括大后方和敌后,那时仍有不少人怀疑抗战能否胜利,当"速胜论"和

"亡国论"甚嚣尘上时,《生产大合唱》用人民熟悉的生动语言,配上流畅、明快的音乐,表现出边区人民团结、欢快的生活和抗战必胜的信心。这艺术形象的感染力打动了千万人的心,特别是大后方的人民,他们没有条件看到《论持久战》的文件,却能从歌曲里体会解放区人民乐观向上的精神面貌和对胜利前途充满的信心。《生产大合唱》为解放区抗战文艺立了一功。

在延安,塞克与星海再度合作,除《生产大合唱》以外,还写下了许多歌曲,如《没有祖国的孩子》《满洲囚徒进行曲》《准备反攻》《秋收突击》《三八妇女节歌》《抗战教育》《张曙先生挽歌》《东北之歌》《白求恩医院院歌》等等。塞克在延安的剧本创作则有:《争取最后的胜利》(独幕剧)、《九一八前后》(多幕剧)等。

1940年塞克导演了《钦差大臣》(由鲁艺、女大、抗大联合演出)、《铁甲列车》(青艺演出),还发表了许多文艺论著和歌剧《滏阳河》。

1942年,塞克参加了延安文艺座谈会,并且以非党同志的身份,参加了党校学习。塞克在回忆这一段经历时说:"延安整风,思想收获最大,奠定了思想基础和工作基础。""推动我文艺思想前进的一个最根本的关键,是1942年在延安参加毛泽东同志召开的文艺座谈会和经过中央党校学习。在这期间比较深入地了解了党的政策、路线、文艺方针,另一方面仔细地印证了自己的艺术实践经验,更觉得坚持毛泽东文艺方针是每个革命的文艺工作者天经地义的神圣天职!……正因为这样,才使自己在任何情况下,对待艺术问题不迷失方向,对待任何作品,不失掉清醒的判断能力。"

1940年塞克在延安青年艺术剧院当院长,解放战争期间在热河省负责文联工作,后任佳木斯市文联主任、辽北省教育厅副厅长,1949年调任东北鲁迅艺术学院院长,1953年转任东北人民艺术剧院院长,1954年后到北京,在中国歌剧舞剧院做顾问。他虽在行政领导的岗位上，但他的艺术创作没有停止。抗美援朝期间他写了长诗《大同江之歌》，后由王卓谱成大合唱。他还写了歌词《星海挽歌》（张棣昌、陈紫曲）、《我们要高举鲁迅的战旗》（张棣昌曲）、《翻身的孩子》、《朝鲜大捷歌》（安波曲）、《山歌唱给祖国人民听》（刘炽曲），并为电影《丰收》和《六号门》写了主题歌。1956年首都人民英雄纪念碑落成，塞克热情地写了长诗《纪念碑》，1960年由杜鸣心谱成大合唱，在第四次文代会上演出。

塞克是个铁汉，其志坚坚，其声铮铮。"文革"中塞克被当作"反动学术权威"受到批判。塞克同志说："我是通过艺术的道路走上革命的。虽然我今天还不是党员，（我）在艺术思想上坚决贯彻党的文艺方针是不含糊的，而且我也从不允许自己的艺术活动脱离党的轨道。""说我主张文艺领导政治，主张不为工农兵服务，主张不要传统……这完全是误会，因为这同我在艺术上走过的道路，同我在作品中所表现的内容不符。关于这一点如有任何怀疑，欢迎进行检查！"

塞克同志以一个青年诗人身份涉足中国新文化文坛，是我国话剧、电影事业的先驱，达到了那个历史时期表演艺术的新成就；投身于抗日救亡活动后，写了许多鼓舞抗战、挽救祖国危亡的歌曲；创建、领导了许多艺术团体，为建立和发展中国话剧、歌剧做出了重大贡献。他多方面的艺术活动，业绩累累，使他成为一代文化巨人光照青史。

塞克同志去了！

我们为失掉塞克同志而悲痛！

（原载《新文化史料》1989年第2期）

遗憾与哀思
——忆塞克同志

戴碧湘

我不愿意也不善于写悼念的文字，我的前辈和最亲密的朋友相继离我而去，我均无一字表示，唯有塞克同志去世后我一直想写点儿什么，借此表达我心中的哀思。

当我知道田汉成立"南国社"时也知道了"南国社"里还有四位台柱子。在（20世纪）30至40年代期间先后认识了其中的两位，一位便是塞克同志。他的本名叫陈凝秋，他的表演艺术是当时蜚声海内外的，对中国话剧的发展影响很大。听说他是一位诗人，田汉的《南归》就是为他写作的。我以为从未读过他的诗歌作品。可是我们所唱的救亡歌曲中有几首我非常喜欢的歌词作者都署名为塞克，在当时却不知道塞克就是陈凝秋的笔名，到延安后才弄清楚，并且知道了他过去出版了两本诗集《追寻》和《紫色的歌》。

1932年上海党的电影小组，为了加强各影片公司的左翼力量陆续介绍一些编、导、演到各家工作，1933年介绍陈凝秋到明星电影公司。他在阳翰笙编剧的《铁板红泪录》中扮演二蛮子，在夏衍编剧的《上海二十四小时》中扮演陈大，均为主要演员之一。

1941年我到了青干校艺术部，也就是青救总剧团。在三四月间听说要邀请塞克同志来排苏联名剧《铁甲列车》，我很高兴，想看一看塞克同志的才能。于是我再次读了剧本，尽我的戏剧修养，想象出剧中人物在舞台上活动的情景。可是戏一开排竟大出我的意料，原来被我读剧本时所忽略了的第一幕给他解释得有声有色，特别是剧中的潜台词分析得淋漓尽致。我以为第一幕不过是戏的开端，介绍一下剧中的人物、环境与事件的起因也就是了，殊不知其中尚有这许多的学问。特别是人物的性格他分析得十分透彻，呼之欲出非常生动，给后来剧情的发展奠定了良好基础。我为之折服了，他不愧是剧坛中的老将（其实当时他还不到四十岁）。

我有幸亲眼看他排了两个戏，一个是《铁甲列车》，另一个是《生产大合唱》，共同的特点就是塞克同志非常善于掌握舞台的节奏，使观众如狂似痴，简直是个魔术师。如排《铁甲列车》中教堂屋顶开群众大会的那场戏，在焦躁无声不安的空气里，一个中国青年吴新却唱起了一曲中国民间小调，气氛马上为之一变，让观众感到吴新这一性格的光彩，同时也使窒息了的空气为之一破。又如排《生产大合唱》，开始他采用了轻松欢快的节奏去表现边区人民和平生产和美好幸福生活的情景。突然响起儿童团的歌声："酸枣刺尖又尖，敌人来到了黄河边……"短促而有力的节奏马上给舞台带来了紧张的气氛。塞克同志不仅这样而且用到了极点。又比如排《铁甲列车》吴新牺牲时的那场戏，我在别文中曾写道："他要求列车疾驰的声音由远而近，越来越快越来越急促和强烈，直射站在路基上的吴新的车灯也愈来愈亮，同时还要求吴新在铁轨上的身影晃动，台上演员们的呼吸声音和动作也与列车奔驰的声音同一节奏。导演把整个舞台组织成一支交响乐章。最后落幕时似乎整个剧场都在震动，观众觉得列车好似冲向自己，轰轰隆隆地从头顶滚过一般。这种效果非常强烈，扣人心弦！"塞克同志导演这部戏时抓住了主要的东西，使用了各种手段，而且气势磅礴地把整个戏推向高峰以取得舞台上的最佳效果。

在导演歌剧时更易使塞克同志发挥这一特点。如《生产大合唱》中儿童团员们边唱边打旋子边翻跟斗的节奏愈来愈快，达到高潮然后落幕。

塞克同志的剧作《北归》《铁流》《突击》《哈尔滨之夜》和歌剧《爱情与生命》我没有看过，我只读了《流民三千万》和没有发表的《墙》。以《墙》来说，不管别人评价如何，尽管作者自己也认为戏的基础彻底垮了不能上演了，有些同志又有非议，但大家却一致公议《墙》是动人的。我特别喜欢此剧中对一个隐姓埋名的汉奸的描写，写他一边晒太阳一边捏虱子，还一边嘟囔着生活在阴阳界上，日子真难过。借此台词透露剧中人这种无出路的心境。由此看来塞克同志戏剧经验是非常丰富的，笔锋也是很尖锐的，值得我们学习。

我现在只谈他艺术方面的特点，不涉及他生活的底子，其实他对旧社会的生活是熟悉的，对俄罗斯特别是白俄的生活是有所了解的，否则绝对排不好《铁甲列车》，尤其是剧中第一、三幕关于白俄生活的戏。

塞克同志所写的歌词如同排戏一样十分讲究演唱的效果。如《救国军歌》《心头恨》《满洲囚徒进行曲》《保卫卢沟桥》《跑关东》《抗日先锋队》和《全面抗战》等。他不仅注意到文字的精练和准确性，同时也注意情绪的饱满性和激发群众的热情。尽力做到口语化和能够上口，让人听得明白无误。不像有的作者写出的歌词只能读不能唱的那样，所以作曲家非常乐意为其配曲，而群众也非常乐意唱他作词的歌子。在当年的条件下既不能录音和录像，也缺乏文字的记载，一出戏导完了演完了也就消失了，不可能再现。但是塞克同志所写的歌词却经过了风风雨雨的吹打，阳光的照射愈显鲜艳，如能汇集成册出版，对今天的歌词作者及广大群众将是一份最宝贵的遗产。

塞克同志在戏剧和歌词两方面都有很高的造诣，是与他严格治艺的态度分不开的。他具有诗人的气质，生活的情趣也很广泛，爱到深山峡谷里去寻"根",也爱在河滩上寻找奇形怪状的石头。他的游泳技艺也很高,常久久地躺在水面上。他爱古董,到处寻找残缺的瓦片和收集典籍。新中国成立后有一次见到他高兴地告诉我,他得到了两部"海内孤本",一部我已记不清了,另一部为清初的原明代宗室、后来出了家的函可和尚所著《千山诗集》。我告诉他,此书虽然较冷僻,但在国内有的图书馆中也有收藏,并非孤本,他听后怅然若失,最后终于采纳了我的意见,此事足以见他从善如流。塞克同志虽然如此,但在艺术上他对人对己却是很严的。他的艺术感受力非常强,所以总是要求演员们也达到他所感受到的程度,若达不到就急得用手杖敲着地面嚷道:"戏全给毁了!全给毁了!"他导出的戏节奏总是很强烈的,因之要求演职员们拼命克服生理限制去达到艺术上的最高境界。在延安的条件下,有些效果是十分不容易做的,主要靠笨重的器材和人力来完成,在排演《铁甲列车》吴新牺牲那场戏时,他要求火车奔驰的节奏愈来愈快,声音也愈来愈大,已超过人力所及的情况。又如排演《生产大合唱》中儿童团员们又唱又跳一场,他让从未受过训练的孩子超过训练有素的戏曲演员,既要唱得好跳得好,又要唱得快跳得快。所以开头演职员们都感到同他难于合作,可是戏演出之后却都感到无比欢快。塞克同志不但对别人要求严格,而且对自己的要求也很严,就拿写歌词来说,不轻易下笔用一个字,为了做到口语化和能够上口,他对词中各字总是逐一加以斟酌和推敲。经常看到他为稳妥一个字而苦思冥想反复吟哦,正如古人所说,会捻断数茎须(当然他是无须可捻的)。每当他定准一个字后就会兴高采烈地告诉同志们:"这个字才合适!"

从1941年三四月间排《铁甲列车》到9月后他任延安青艺的院长至1943年4月他辞去院长的职务止,我们相处的日子只有两年多。解放战争在东北时期,他任辽北省教育厅副厅长兼辽北学院院长时,在四平外围见过一面。新中国成立后也曾匆匆见过几次均未能敬聆教海，塞克同志八十诞辰我事后才听说也未能前来祝寿。多年他担任歌剧院的顾问，后来病魔附体，我因俗事缠身不克前往探望，没想到他竟走完人生的旅途，没有见他最后一面，铸成了终生的憾事！特草此文做束小花献塞公以慰于九泉之下！

1992年6月15日

（戴碧湘口述，周翠翘记录整理）

塞克年表

1906年

六月初六（农历），塞克出生于河北省霸县（今霸州市）城南后卜庄的一个农民家庭。父亲陈绪堂，识几个字。家有四亩地，自己耕种。一家四口人，父亲、母亲、他本人陈凝秋和比他小五岁的妹妹。

陈凝秋原名陈秉钧，20世纪20年代离家出走到哈尔滨后，改名为陈凝秋。1934年在上海写抗日救亡歌曲及剧本时，用笔名"塞克"，演戏时仍用陈凝秋，此后，一直沿用"塞克"这个名字至今。

1911年　五岁

开始读私塾。

1915年　九岁

母亲病逝。

1919年　十三岁

入县立高等小学学习。在校期间，遇到教他文学课的郝老师，此人在北京读书时，参加过五四运动，经常给他们讲五四运动的事情，对他有很大影响。

1923年春　十七岁

因反对父亲包办婚姻，与家庭决裂，出走到哈尔滨。

为了找职业糊口生活，适逢警察训练所招生，考取了此所。学习了六个月,做了五个月的中东铁路特区警察。他利用站岗时间作诗、构思文章,并开始给《晨光报》投稿。后辞职,经人介绍,在道外四道街武田医院帮助抄账。

1924年 十八岁

年底,到《晨光报》任副刊主编(当时该报总编为张树屏,经理为于芳洲)。在报刊上,发表了由地下党员苏子元、韩乐然提供的瞿秋白、萧楚女等人的文章、新文学作品及共产党人和进步知识分子倡导"革命文学"的理论文章。在此期间,他阅读了许多中外文学作品,如:泰戈尔诗集,茅盾的《幻灭》,鲁迅的《彷徨》《呐喊》《狂人日记》等,对他影响最大的是萧楚女及其作品《在广州农民讲习所的讲话》。

1926年 二十岁

11月,因他在《晨光报》上发表一篇欢迎北伐军进驻武汉的文章,遭到警察厅的逮捕,报刊经理及总编也随同被捕。在哈尔滨道外警察厅监狱关了三个多月,后经多方营救获释。《晨光报》因此停刊,他也就此失业。经友人韩乐然介绍与一名叫斯切潘诺夫的俄国人相识,陈凝秋教他中国话,他教陈凝秋俄语和美术。

此时,他画过一幅画,画面上是一个长着翅膀的心,心上穿着一支箭,心也飞着,一边滴着血,底下是波浪滔天的大海。这幅画的名字叫《追寻》,1928年,陈凝秋出版的第一部诗集就是由此得名。

1927年 二十一岁

8月,从哈尔滨动身,经大连、青岛赴上海。刚到上海时,给上海青年会画招贴画。

上海艺术大学招生时,穷得没有一个子儿的陈凝秋来到报名处,提出:"我要来读书!"当时周围的人都好奇地看着这个不但缴不起学费和伙食费,就连报名费也拿不出来的人还要读书,都不觉好笑,都不理他,认为"世界上哪来的这种怪人"。田汉突然打破沉默,果断地说:"收下他吧!"①就此,陈凝秋免费进入上海艺术大学,与吴作人同窗从师于徐悲鸿学习美术,与廖沫沙同窗从师于田汉学习文学。

12月18日,上海艺术大学举行"鱼龙会",进行为期一周的话剧和戏曲募捐演出,陈凝秋在日本剧作家菊池宽的名剧《父归》(田汉译)中饰父亲(左明饰大哥,陈白尘饰二哥,唐叔明饰女儿,周存宽饰母亲),演出引起了极大的轰动,博得田汉和徐志摩的很高评价。日本著名小说家芥川龙之介和武者小路实笃观看演出后,惊叹地说:"没想到在中国能看到这样好的演出。在日本有很多剧团上演《父归》,但没有人能像凝秋君表演得这样成功。"从此,开始了他的舞台艺术生涯。

在此期间,他常给上海《太阳》月刊写诗,署名陈凝秋。

1928年　二十二岁

年初,原上海艺术大学校长周勤豪带领一些追随他的教职员,在法租界巡捕的保护下,将学校财产洗劫一空,上海艺术大学宣告解散。

1月底,田汉以"培植能与时代共痛痒而又有定见实学的艺术运动人才以为新时代之先驱"为目的,用自己的稿费收入,创办了南国艺术学院。学院设文学、戏剧、绘画三科,分别由田汉、欧阳予倩和徐悲鸿主持。陈凝秋、左明、唐叔明、郑重(郑君里)、陈征鸿(陈白尘)、赵铭彝等人一起跟随田汉先生进入南国艺术学院。艺术要与时代共痛痒的办学宗旨深深地影响着陈凝秋所走的艺术道路,并体现在他的作品之中。

4月11日—4月21日,南国艺术学院为绘画科学生写生需要,率领全体师生到杭州春游,并做了四天的演出。剧目有:《父归》《苏州夜话》(田汉著)、《湖上的悲剧》(田汉著)、《未完成的杰作》([英]

---

① 柏彬,徐景东等编选:《田汉专集》,江苏人民出版社,1984年版,第301页。

斯蒂芬·菲利普斯著，孙师毅译）和俄国班轲作独幕剧《白茶》。陈凝秋在《父归》和《白茶》的演出中担任了角色。

同年，在上海参加了高长虹负责的狂飙演剧部（参加者还有柯仲平、丁月秋、马彦祥、吴似鸿、沉樱等）。

此期间，他读了很多高尔基的作品，尤其是《我的童年》对其影响最大，他很向往十月革命胜利后的苏联，便萌生了去苏联的念头。因为不能跟任何人倾诉与商量，思想很苦闷。冬季，乘船经大连回到哈尔滨。

想去苏联，但又找不到去苏联的关系，经任作田介绍，在哈尔滨道外同记商场给资本家武伯祥当文书。适逢同记商场举行开工纪念活动，他指导工人排演了一部法国的反映工人罢工斗争的话剧，演员都是同记商场的工人。

同期，跟一位苏联老师伊万诺夫学俄文和美术，此时画过一幅水粉自画像。1929年，田汉看到这幅自画像后，感到很像约翰的头像，从而产生排演《莎乐美》一剧的念头。

两个月后，他辞去同记商场职务，重返上海。

同年，在上海《太阳》月刊上发表诗歌《追寻》，并以此为书名，由上海泰东书局出版了陈凝秋的第一本诗集。

1929年　二十三岁

1月，随南国社到南京进行第一期公演，在《战栗》一剧中饰警察。

2月，和吴似鸿等人一起随狂飙剧部在南京进行公演。剧目有《娜拉》《在人间》和《风火山》等，后脱离狂飙剧部。

同年，与田汉、吴似鸿等人到上海吴淞口游玩，写《北归歌》。

7月7日—7月12日，随南国社到南京进行第二期公演，并相继在无锡、杭州等地演出。在《古潭里的声音》（田汉作一幕抒情剧，吴伯超作曲）中饰诗人。在《南归》（田汉以陈凝秋的诗为主题而作的一幕抒情诗剧,由张曙作曲,冼星海小提琴伴奏)中担任主要角色流浪汉,吴似鸿饰少女。《南归》中"由陈凝秋君抱着吉他在舞台上哀歌,引起过多数青年的清泪的便是凝秋自己写的诗"[1]。自《南归》一剧之后,"遂形成南国社以后一个时期在演技上的风格"[2]。在《莎乐美》(一幕悲剧,[英]奥斯卡·王尔德著,田汉译)中陈凝秋饰约翰,俞珊饰莎乐美,蔡楚生饰犹太人,金焰饰叙利亚少年。在《战栗》(田汉作独幕剧)中,陈凝秋饰警察。在《一致》(田汉作)中陈凝秋饰领导者。另外,南国社全体演员还排演了《孙中山之死》(田汉著),洪深饰孙中山。

7月29日,南国社回到上海,陈凝秋不愿再演《南归》,觉得老是哭哭啼啼的没有意思,但田汉仍安排他演出《南归》,至此跟田汉发了脾气,转身就走了。当时,南国社内部发生矛盾(主要是对田汉的个人英雄主义和演剧上的艺术至上主义倾向不满),陈凝秋和南国社的一些青年脱离该社,另行组织"摩登社"。"摩登社"社址在南国艺术学院内,负责人为左明,成员有:赵铭彝、陈照中、陈万里、陈征鸿(白尘)、郑千里(君里)、姜敬与、肖崇素、许德佑、吴湄等。

在此期间,他还是一心想去苏联,随后,他便乘船经大连,第三次登上去哈尔滨的征途。田汉先生为此曾写道:"我除感谢洪深先生与张恩袭君(张曙)的献身努力外,同时也感谢陈凝秋,他终于使我唾弃了感伤主义,同时唾弃了无政府主义的个人主义。'人生是个长的旅行。或是东,或是西,他只能走一条路。'是的,我们既然走上一条集团的斗争的路便不应再有一条孤立的逃避的路了。"

---

[1] 田汉著:《田汉文集》(第2卷),中国戏剧出版社,1983年版,第426页。
[2] 陈白尘著:《从鱼龙会到南国艺术学院》,载《中国话剧运动五十年史料集》编辑委员会编:《中国话剧运动五十年史料集》(第2集),中国戏剧出版社,1959年版,第12—13页。

> 我孤鸿似的鼓着残翼飞翔，
> 想觅一个地方把伤痕将养，
> 但人间哪有那种地方？哪有那种地方？

（后三句引用陈凝秋自己的诗作）。①

秋，回到哈尔滨，因找不到去苏联的机会而留在哈尔滨。经楚图南介绍，在第六中学教美术。秋末离开六中，到满洲里，仍没有机会出国，在满洲里给人当更夫。此时，陈凝秋画了一幅三四尺高的大油画，这幅画也是充满了幻想的，名为《归来》。画一个人在全黑背景下，好像从空中掉下来一样，一个膀子露在外头，胸也裸露一点儿，手里提着骷髅，低着头。

不久，又返回哈尔滨，住在道斜夕街电影院（即后来的兆麟电影院），为电影院画广告。

同期，诗集《紫色的歌》在哈尔滨出版，内收二三首长诗，为1928年在上海艺术大学时创作。

1930年　二十四岁

3月15日，在《南国月刊》第一卷上册发表诗剧《弟弟》（与左明合作）。

11月，在哈尔滨基督教堂，自编自导自演话剧叫《北归》。剧中主题歌在当时哈尔滨中共地下工作者之中广为流传，只要他们聚集在一起时，总要情不自禁地哼唱起来。至今，东北作家群、革命的老前辈，偶然的机会重聚在一起，仍要富于感情地哼唱这首歌。

但是，"我为当时写诗作画不能摆脱小资产阶级情调，不能走出一条新的生活、创作道路而苦恼"②。愤而撕毁自己的诗与画，从此搁

---

① 田汉著：《田汉文集》（第2卷），中国戏剧出版社，1983年版，第427页。
② 见塞克著《忆小友——剑啸》一文。

笔,寻求与酝酿创作上的新突破。

1931年　二十五岁

在哈尔滨帮助指导呼兰县的进步青年排演话剧《北归》。

8月,在金剑啸组织的业余抗日剧社中任顾问,排演了反映中国海员与日本船主做斗争的话剧《海风》,剧社不久便解散。

10月,导演话剧《哈尔滨之夜》(由黄耐霜、任白鸥主演),在哈尔滨赈灾游艺会上演出。

在此期间,他经常与舒群、金剑啸商讨,在当时的局势下,应该怎么办。

初冬,在金剑啸、姜椿芳的帮助下,搭乘运送湖南难民的火车到绥芬河,经东宁进入苏联。过境后,因没有合法的入境手续,被苏联边防军误认为"国际间谍",送往伯力监狱关押了一个冬天。"我经历了一段决定我的世界观和生活与创作道路的历史。"[①]

1932年　二十六岁

初春,陈凝秋被苏方送回绥芬河。他一路讨饭,到达小绥芬河,加入东北抗日自卫军,被安排在左路军指挥部的宣传部从事宣传工作。周保中将军经常给他们讲辩证法,这使他的政治觉悟大有提高。

半年后,因该部司令张治邦(原张作霖部队的一个起义团长)被日寇收买,陈凝秋所在自卫军被瓦解,与刚结识的好友沙蒙搭伴,二人同路进关。

同年,与寒流等人在哈尔滨组成"寒流社",以寒流书店为基点,出版进步刊物《寒流》。

1933年　二十七岁

春,与沙蒙经北平、青岛,第三次到上海。

到了上海,写的第一部戏就是《铁队》,它是写义勇军起义的,

[①] 见塞克著《忆小友——剑啸》一文。

在"宁波同乡会"举行援助东北义勇军的大会演中,和《谁是朋友》《帝国主义的狂舞》等一起演出,收到很好的效果。接着又创作了独幕剧《狱》,内容是盖文华搞熙洽部队的事。

6月,应洪深邀请,在我党进入电影阵地后所拍摄的第一部影片《铁板红泪录》(明星影片公司,阳翰笙编剧,洪深导演)中饰男主角农民二蛮子,王莹饰女主角。这部影片是对当时四川农村地主剥削农民及农民群众斗争的现实描述,"被认为是洪深所导演的影片中最好的一部"[1]。

尔后,与明星公司签订了一年的合同,开始了银幕生活,10月,在《上海二十四小时》(夏衍编剧,沈西苓导演)中饰哥哥陈大,周伯勋饰周买办,朱秋痕饰李太太,顾兰君饰姐姐,赵丹饰失业青年,此剧是描写上海纱厂女工的。这部出色优秀的影片受到反动派电影检查当局恶劣的摧残。在拍摄过程中,到摄影场滥施干涉,影片拍完后,把影片足足扣留了一年,审查了十多次,大加删改,一直拖到1934年12月才准予放映,但真实面目已全非了。[2]

同年六七月间,与左明、赵铭彝、谢韵心(章泯)、宋之的等,组织了业余"新地剧社",举行公演的剧目有:《弟弟》《日出》《雪的皇冠》([美]爱默·赖斯作,顾仲彝译)。陈凝秋在《雪的皇冠》一剧中饰废帝兼导演,陈凝秋"不借助外在的技巧,不借助夸张的动作,不借助强烈的节奏,只是真实地展现生活面貌,活脱脱地描绘出一个废帝的流放生活,他一出场就抓住千百观众的注意力,把观众带到人物内心世界去了"[3]。赵丹与他同台演出后,说陈凝秋的表演"以

---

[1] 程季华编:《中国电影发展史》(第1卷),中国电影出版社,1963年版,第213页。

[2] 程季华编:《中国电影发展史》(第1卷),中国电影出版社,1963年版,第220—221页。

[3] 见周而复著《时代的歌手——忆塞克》一文。

气势气质取胜，浑然一体，不见半点儿斧凿痕迹。……看到这样的戏，才知道什么叫作艺术和它的魅力"[1]。

"新地剧社"不到一年即解散。

同年，陈凝秋参加"左翼剧联"。"左翼剧联"在上海又组织了"春地剧社"，成员还是"新地剧社"那些人，再次演出《父归》，陈凝秋仍饰父亲，还搞了一个戏——《穷人》，但这个剧社也很快就垮了。

1934年 二十八岁

元旦，由赵丹、徐韬发起的拓声剧社成立，社员有陈凝秋、刘丽影、朱今明、顾而已等，借上海宁波同乡会公演美国奥尼尔的剧作《天外》。

1月，参加影片《同仇》（夏衍著，程步高导演）的摄制工作，在剧中饰男主角——青年军官李志超，王莹饰女主角——少女殷小芬。本片是抗日题材的，后来在哈尔滨放映时，被日本当局改头换面为《情海》，抹掉了抗日的内容。

3月，在影片《华山艳史》（剧本由明星编剧委员会提供，程步高导演）中饰"长白山诗人"陈北峰，徐来饰余兰，王征信饰黄振声，龚稼农饰洪家辰。影片里，通过几个知识青年不同的生活道路，描绘了小资产阶级青年觉醒的复杂过程，也批判了小资产阶级的懦弱和动摇，反对了失败主义的情绪，表达了抗日救亡的思想。

与明星影片公司合同到期后，与章泯、宋之的、陈鲤庭等组织成立"大地剧社"，成员有刘郁民、王庭树等。8月，该剧社赴南京大世界剧场演出，剧目有：《一致》（田汉著）、《狱》（陈凝秋编剧兼导演）、《悭吝人》（[法］莫里哀著）等。陈凝秋与南京"磨风艺社"演员吕复、舒强、张水华、周芬等同台演出了《父归》。演出中遭到国

---

[1] 赵丹著：《地狱之门》，上海文艺出版社，1980年版。

民党特务监视，返沪后，全体人员在火车站被上海警察局逮捕，关押了三个月。经"左翼剧联"多方营救，全部获释，剧社被迫解散。

不久，又组织了"狮吼剧社"，朱学范出钱资助剧社，成员有王惕余、刘郁民、陈天国、宗佑、谢添等，负责人为朱学范，演出了三幕喜剧《贫非罪》（［俄］亚·奥斯特罗夫斯基著）、《群鬼》（［挪］易卜生著）。

夏，第一次用"塞克"的笔名，写出三幕话剧《流民三千万》，剧中主题歌《流民三千万》是最早的一首抗日救亡歌词。1935年前，曾有几人谱曲，但流传延唱下来的却是1935年夏由冼星海谱曲的那首。这时，"我的艺术风格突然改变了，写《流民三千万》时，是激昂悲愤"[①]。

1935年　二十九岁

为了要演抗日的戏，塞克带领十几个演员（沙蒙、田烈、周贻伯、王庭树、李实等）在上海剧院首次演出《流民三千万》，遭到国民党反动当局的猛烈抨击，剧社被压垮，剧本在《大沪晚报》上发表一半被迫停止。塞克因而失业，演员为此都没有饭吃，国民党南京政府出高价收买演员，但大家宁肯饿着肚子待在上海，也不去南京。

三四月间，塞克在这最为穷困的时期，创作了《救国军歌》（冼星海曲）。"写《救国军歌》时，情绪又上升了，一变而为坚决顽强。"[②]

"这首歌写出来后，就遭到蒋政权的禁止。凡是正确的东西，越禁止越传播，禁止得越凶，传播得越快，一直禁到全国都唱。"[③]1935年在上海卡尔登剧院上演的话剧《春风秋雨》（阿英编剧）中，剧中人同观众高唱《救国军歌》；一二·九学生运动中，游行示威的群众高唱着《救国军歌》，迎着敌人的刀枪与水龙前进；西安事变时，东北军和爱国群众高唱这首歌；当时，跟红军对立的三个营的东北军因

---

① 见塞克著《我这个人》一文。
② 见塞克著《我这个人》一文。
③ 见塞克著《我和冼星海》一文。

为听到红军高唱了《救国军歌》，而全部投诚红军；吉鸿昌的部队在攻打多伦的激战中，战士们高唱着这首歌；《重庆日报》的报童们在卖报时，高唱着这首歌；1938年冼星海在武汉组织的几十万人参加的歌曲大游行，这首歌响彻汹涌的长江，当时周恩来同志也参加了这次大游行，站在指挥船上带头高唱这首歌；傅作义曾在歌集上圈定，他的部队必唱的一首歌就是《救国军歌》。从此，在上海同吕骥、冼星海、张曙等人组织"中国歌曲作者协会"，开展歌咏救亡运动。

此时，创作了《心头恨》（冼星海1940年去苏联前谱曲，贺绿汀也曾谱过），《苦命人》（冼星海曲）是用河北民谣形式写的，《谁来跟我玩》（冼星海曲）是一首以新的形式出现，内容也是新的儿童歌曲，《耕农歌》（冼星海曲）及话剧《太平天国》（陈白尘著）插曲《炭夫曲》（冼星海曲）和《打江山》（冼星海曲）。同时还创作了《跑关东》（冼星海曲），描写叫花子讨饭的故事，用数来宝形式写的，敲着两面牛胯骨去朗诵，是当时最新的形式。

同年，塞克翻译了高尔基的剧本《夜店》，剧中主题歌《囚徒歌》在当时上海青年中广为流传。

1936年　三十岁

4月1日，创作剧本《夜雨》在上海《文艺丛刊》1936年第一期上发表。

6月1日，剧本《流民三千万》在上海《文学丛报》第三期上发表。

夏，导演话剧《夜店》。

同年，创作小说《东路线上》，在《光明》第一卷第七号另册附录《东北作家近作集》中发表。

同年，创作歌曲《打铁歌》（冼星海曲）。翻译苏联歌曲《快乐的人们》《工人歌》《水兵歌》《青年航空员歌》等。作曲家刘炽说："塞克的译文是心灵的翻译。"

1937年　三十一岁

7月15日，上海剧作者协会召开会议，夏衍代表党建议成立"中国剧作者协会"，会员们决定以"卢沟桥事变"为题材，集体创作一部话剧《保卫卢沟桥》。塞克与宋之的等人共写一幕，参加创作和演出的其他成员还有洪深、崔嵬、赵丹等。剧中主题歌《保卫卢沟桥》歌词由塞克创作，冼星海谱曲。

当月，话剧《保卫卢沟桥》由上海戏剧时代出版社出版。

七七事变后，上海影剧界准备联合演出，其中《仁丹胡子》《炮火中》两戏的导演为塞克、崔嵬和左明，后因上海八一三事变，未能演出。

8月，塞克和在上海的萧红、萧军、罗烽、白朗、金人、姜椿芳、舒群等，为纪念金剑啸英勇就义一周年，收其遗作长诗《兴安岭的风雪》出版（白朗、金人主编的"夜哨丛书出版社"刊行单行本），每人都撰写了悼念剑啸的文章。

在此时期，塞克创作了歌词《全面抗战》（贺绿汀曲）、《赴战曲》（冼星海曲）、《谁敢夺我一寸地》（贺绿汀曲）。

上海八一三事变后，他参加了上海抗日救亡演剧一队，12月，同聂绀弩、宋之的、王震之、贺绿汀、欧阳山尊、崔嵬、马彦祥、李丽莲、阿狄等二十余人，赴南京、武汉、郑州、开封、洛阳、陕西、山西等地进行抗日救亡宣传活动。

12月31日，"中华全国戏剧界抗敌协会"在武汉成立，塞克当选为常务理事。

年底，在山西临汾参加了丁玲领导的"八路军西北战地服务团"，担任艺术指导。此时，开始修改剧本《流民三千万》，又与冼星海共同创作《东北救亡总会会歌》。

同期，创作《抗敌先锋队》（王洛宾曲）。

1938年　三十二岁

年初，在山西临汾作《洗衣歌》（王洛宾曲）。

3月,"西战团"从临汾向西转移的路上,在火车上,塞克与萧红、萧军、聂绀弩、端木蕻良等人做过一次很有意思的游戏,就是每个人填写一个字,凑成四个句子的一首诗。①当时,沿路看到八路军往前方开,国民党炮兵往后跑的情景,激怒了塞克,他当即与萧红、端木蕻良、聂绀弩共同创作了三幕抗战话剧《突击》。"这剧本的'设想'和'制出',据端木蕻良说:'其实都是塞克一人',但参加意见商榷词句者,就有端木蕻良、聂绀弩、萧红三人。"②

在塞克的导演下,"西战团"的演员们经过两个星期的紧张排练,于3月底在西安易俗社剧场正式上演《突击》。公演三天七场,轰动一时。当时在西安的周恩来同志观看了演出,接见了全体同志,对演出成功给予充分肯定。周恩来同志还与塞克、萧红、萧军、丁玲、端木蕻良、聂绀弩等人合影留念。③

4月1日,《七月》(胡风主编,汉口出版)第二集第十二期发表剧本《突击》。

在此时期,还与周伯群在西安合作剧本《歼灭》,后由生活书店出版,1939年6月被国民党查禁。此剧是揭露资本家唯利是图,不实心抗日的,赵丹曾在新疆演过此剧。

四五月间,塞克离开"西战团"去甘肃,目的是准备取道新疆去苏联。这期间,曾在兰州帮助血花剧团排戏,剧目有《突击》《八百壮士》(丁里、宋之的、王余杞、塞克、王震之、崔嵬等集体创作)等,给兰州血花剧团写团歌《血花曲》(王洛宾曲)。在兰州还创作歌词《少年进行曲》(王洛宾曲)。

秋,回到西安。经八路军驻西安办事处介绍,赴延安。

---

① 塞克在哈尔滨纪念萧红七十诞辰学术讨论会上的讲话。
② 见《文艺阵地》第一卷第4号,1938年6月出版。
③ 据端木蕻良1979年11月的回忆,见肖凤著:《萧红传》,百花文艺出版社,1980年版。

12月9日，塞克参加了延安各界在抗大第三队操场召开的"一二·九"纪念大会，毛泽东亲临大会发表演讲。

年底，任延安鲁迅艺术学院戏剧系教授（至1940年年底）。

同年，创作独幕话剧《争取最后胜利》。创作歌词《没有祖国的孩子》（星海曲）、《老乡上战场》（王洛宾曲）等。

1939年　三十三岁

春，在中央党校排演话剧《歼灭》（主要演员为孙维世、杨易辰等）。

此时，创作歌词《开荒》（向隅曲）。

2月10日，中华全国戏剧界抗敌协会陕甘宁边区分会在陕北公学大礼堂举行成立大会，塞克被选为理事。

2月17日，延安文艺界举行作曲家张曙追悼会，塞克报告"张曙的作风特点"。

3月，与冼星海合作《生产大合唱》，大合唱由《春耕》《播种与参战》（包括《二月里来》《酸枣刺》）、《秋收》和《丰收》四个场景组成。

3月21日，《生产大合唱》在陕北公学大礼堂首次演出，获得极大成功。

5月9日，边区文协在鲁迅艺术学院召开联合座谈会，总结《生产大合唱》的成功经验。参加座谈会的成员有艾思奇、萧三、冼星海、塞克、吕骥、向隅、林山、李丽莲等及鲁艺音乐系许多同学。这部作品"没有很多的机会去进行向大众教唱。虽然有许多原因这样限定它，但它也有了相当的发展，在学生中、机关中、兵团中、孩子中，《二月里来》与《酸枣刺》那两首歌曲却广泛地唱着……我们伟大的青年音乐家聂耳先生创作一个新的作风，一改中国音乐过去萎靡伤感的作风，它是非常健康而且带着丰满的革命热力……《生产大合唱》不但继承着这作风，并且进一步去发展它，它，有光有力，轻快活泼……"①这部作品之所以光彩耀人，用塞克本人的话来说，是"从生活中凝练出来的"。

9月，在纪念"九一八"大会上，八路军留守兵团政治部"烽火剧团"演出塞克修改后的多幕话剧《九一八前后》（原名《流民三千万》，塞克导演并与冼星海补写剧中插曲《满洲囚徒进行曲》和《抬土歌》，演员有翟强、颜一烟、侣朋、陈明等。

同时期，与冼星海合作《秋收突击》《三八妇女节歌》《抗战教育》《张曙先生挽歌》和《东北之歌》。

1940年　三十四岁

1月3日被选为中华全国文艺界抗敌协会延安分会理事。

1月4至12日，陕甘宁边区文化协会在延安女大礼堂举行第一次代表大会，塞克被选为大会主席团成员。

4月15日，在延安出版的《大众文艺》第一卷第一期上发表《我写歌词的几个基本原则》。文中提出："凡是普遍流传的歌曲，都是因为歌曲的本身包含着丰富的政治生命，以及强烈的时代色彩，它的流传正是那政治生命在群众之中的生长。""凡是能够发挥强大力量的歌子，它绝不是单因为曲子好，也不是单因为词好，它的力量是从曲子与歌词的谐和中间发挥出来的。""在今天我们有好好利用这武器②的必要……使歌曲发挥它更高的效能，歌颂我们这一时代的战斗和创造！"

10月11日，在《新华日报》上发表《戏剧工作者的纪律问题》一文。

10月21日，鲁艺和女大等校联合公演果戈理的讽刺喜剧《钦差大臣》，塞克导演。

同年，在延安给陕甘宁边区文艺工作者讲授《歌词创作的基本原

---

① 见此次座谈会纪要。
② 指歌曲。

理》。

1941年　三十五岁

参加陕甘宁边区第一届参议会，被选为边区政府参议员。

5月1日，为西北青年救国总会剧团导演话剧《铁甲列车》（［苏］伊万诺夫著），在八路军大礼堂正式演出。

8月，导演多幕话剧《生活的呐喊》（洛契柯夫斯基著），由西北文工团演出。

9月23日，西北救国总会剧团改组成青年艺术剧院，隶属中央青委领导，塞克任院长。

10月19日，塞克出席延安戏剧界在青年俱乐部召开的第二次代表大会。

同年，创作歌词《准备反攻》（郑律成曲）。

1942年　三十六岁

春，延安文艺座谈会前，毛泽东主席邀请塞克到他的住处谈话，听取他对文艺工作方面的意见。

2月21日，塞克被聘到部艺、实验剧团任话剧《太平天国》（陈白尘著）艺术指导。

3月15日，被聘为边区政策文化工作委员会委员。

3月21日，青年艺术剧院在青年俱乐部试演《延安生活素描》，塞克在演出总结讲话中说："速写剧本最初上演，我们就预防不要走到自然主义路上去。"

同时期，创作了三幕歌剧《滏阳河》（冼星海曲。当时未谱完，冼星海把底稿带到苏联，未完成全部作品。此稿现保存在中国音乐研究所）。

5月1日，塞克参加延安文艺界在文抗作家俱乐部举行的女作家萧红追悼会（1月22日逝世）。

5月14日，在延安《解放日报》上发表《谈业余戏剧》一文。

5月下旬，塞克参加了延安文艺座谈会，5月23日，在会议的最后一天，他参加了毛泽东同志和中央领导同志与全体代表百余人的合影留念。

5月23日，在《解放日报》上发表《论战时艺术工作和创作态度》一文。

5月29日，边区政府配合战时动员，召集剧协、音协、美协等团体，成立临时工作委员会，塞克被选为十二名委员中的成员，并在会上讲了话。

5月30日，青年艺术剧院举行首次整风学习总结。塞克发言指出："艺术工作者学习文件，主要在于求得新的艺术观及美学观，无产阶级艺术家必须与群众结合，与斗争联系。青年演员应具有诗人的心灵，舞蹈家的身姿，歌唱家的喉咙，画家的眼睛，音乐家的耳朵。"

6月27日，边区文委临时工作委员会在文化俱乐部召开延安戏剧作者座谈会，商讨剧运方向问题，塞克、王震之等发言谈及延安过去只演大剧，只演外国戏，看不起自己的小戏，是一种应该纠正的偏向，今后，剧作者应以工农兵为主要对象，在普及中提高。

8月中旬，在延安"星期文艺学园"讲授《漫谈戏曲》。

10月18日，他出席了延安各界在中央大礼堂举行的纪念鲁迅逝世六周年大会，塞克为大会主席团成员。

同月，创作歌词《白求恩医院院歌》（向隅曲）、《民主同盟军军歌》（向隅曲）。

1943年　三十七岁

1月，导演多幕话剧《生活在召唤》，由西北文工团演出。

春，由毛泽东主席提议，经党中央批准，作为唯一的非党员学员入中央党校学习。

1944年　三十八岁

12月12日，在《解放日报》上发表歌曲《新秧歌》（紫光曲）。

1945年　三十九岁

2月12日，在《解放日报》上发表歌曲《抗日烈士挽歌》（紫光曲）。

7月26日，延安文抗分会在延大会议室举行理事全体会议，塞克被评为常委、理事。

抗战胜利后，从中央党校随东北干部队从延安北上东北，路经承德时，被留下做热河省文联主任。

1946年　四十岁

5月8日，从承德到哈尔滨。因战斗部队撤退，于5月底到佳木斯，任全国文联佳木斯分会主任。

在佳木斯写歌曲《悼念人民音乐家冼星海同志》（张棣昌、陈紫、刘炽曲）。

9月21日，在合江省政府教育厅举办的学术讲学会上，讲授《人民艺术运动》。

9月29日，在佳木斯作《国民党特务怎样毒害戏剧界》一文，发表于同年《东北文艺》第一期。

10月17日，在东北新华广播电台发表演讲：向文艺界同人召唤。塞克讲，在关系中华民族生死存亡的时候，在全国人民处在水深火热的时候，我们文艺界同人怎样决定自己的行动？我们的笔将写什么？我们告诉人们向哪个方向去？无论是写文章的、演戏的、唱歌的、画画的，我们都要求得一个正确的认识，不然我们的文艺工作将是劳而无功，甚至还要搞出错误来。他要求文艺工作者要发挥自己的天才，到街头、到农村、到工厂，叫所有的人都知道，民族的尊严不可辱，人民的权益不可侵犯。[①]

11月8日，在《东北日报》上发表《普遍建立业余剧团》一文。

[①]《合江日报》载。

11月28日，佳木斯市文化界筹备纪念一二·九运动，塞克被选为筹备会秘书处主任。

12月1日，在《东北文艺》创刊号上发表塞克创作的歌曲《我们要高举鲁迅的战旗》（张棣昌曲，安波也曾谱过曲）。

本年，东北文化社编辑、东北书店出版的《鲁迅先生逝世十周年纪念特刊》中收录了塞克作词、张棣昌作曲的《我们要高举鲁迅的战旗》。

同年与阿霞合作四幕歌剧《翻身的孩子》，发表于《东北文化》第二、三期。

此时期还创作歌词《参加斗争会去》（何士德曲）、《"四四"儿童节歌》（潘奇曲）、《三八节妇女歌》（江雪曲）、《解放之歌》（江雪曲）。

12月初，《东北文艺》（创刊号）上发表有塞克等人的诗歌。

12月26日，塞克著文《新年到了，大家动手搞翻身秧歌》在《东北日报》上发表。文中讲到为什么搞秧歌，怎样搞，具体办法，以及知识分子如何帮助工农排演等问题，他提出"翻身秧歌"不是供人娱乐的消遣品，它是人民大众用自己的斗争写出来的诗，这种秧歌的表现，不是依靠文字，而是用大众的生活，用血与肉的活的人，活生生地表现人民大众斗争的事实。这种秧歌不是给少数人坐在房里阅读的，而是在街头，在广场，在人山人海的广大群众面前，展示新民主主义的性格！它所歌颂的是劳苦人民翻身的胜利和胜利的愉快，而不是个人的得失！

12月底，《人民戏剧》在佳木斯创刊，塞克为主编。

1947年　四十一岁

春，在哈尔滨任东北文联常委、东北戏剧工作委员会主任。

在此时期，塞克对当时征收娱乐捐税过重的现象写信给李富春同志，提出："现在的戏演的是人民的戏，这里面有毛泽东思想。你们不能像对待旧社会的那种演出，这哪里是娱乐呢！剧是我们的战斗武器，今天是共产党领导的，那么还能当作旧社会的娱乐品来对待吗？"李富春同志接受了他的意见，事后做了调整与改变。

同时，导演了在当时影响很大的反映地主剥削压迫农民的现代革命京剧《九件衣》，还导演了新编的具有某些改革的历史京剧《秦始皇》。

7月13日，在《反"翻把"斗争》一剧的座谈会上，发表讲话，指出："凡是革命的艺术家，他只会代表人民的意志，说人民的语言，真正的艺术家，从来就没有一个是不属于人民的，因为艺术家终究不是百灵鸟，什么好听唱什么。"

11月10日，在纪念冼星海逝世一周年纪念大会上讲话，发表于《人民音乐》。

1948年　四十二岁

3月23日，参加中共中央东北局宣传部在哈尔滨召开的文艺工作者座谈会，其后不久，即赴四平，任辽北省教育厅副厅长兼辽北学院副院长。

1949年　四十三岁

任东北鲁迅艺术学院院长、东北人民政府文教委员会委员。被东北文联选为出席全国第一次文代会的代表。

6月，作为东北代表副团长参加全国第一次文代会，被选为全国文联委员、全国剧协理事。

12月10日至12月20日，出席东北文代会。会议期间，被选为大会主席团副主席，并负责大会代表资格审查委员会。在会上，当选为东北文学艺术界联合会常委。

1950年　四十四岁

创作大合唱《大同江之歌》（王卓曲）。此作品为中、朝两国部队演出过，也为哈尔滨、沈阳的城市群众演出过，都受到热烈欢迎。王卓同志说:"塞克同志的词写得很有感情,很有意境,词中洋溢着的强烈的爱国主义深深地感染着我,引起我的共鸣。"①

同期,为组织排演歌剧《星星之火》,东北鲁迅艺术学院组织了演出委员会,塞克任演出委员会主任,此剧是歌颂东北抗日联军的。

本年,为电影《六号门》创作主题歌歌词。

1951年　四十五岁

任东北人民艺术剧院(辽宁人民艺术剧院前身)院长。

本年,创作歌词《祝贺朝鲜大捷歌》(安波曲)、《要求美军快滚蛋》(任虹曲)、电影《丰收》主题歌《丰收》(张棣昌曲)和两首插曲《蓝蓝的天上挂红霞》(张棣昌曲)、《牧歌》(张棣昌曲)。

1952年　四十六岁

4月,在《东北文艺》4月号上发表《建设人民的剧场艺术》。

6月14日,在《东北日报》上发表《严重警惕田凤同志所犯的错误——加强思想改造,坚决贯彻毛泽东文艺方针》一文。

1953年　四十七岁

到北京,任中央实验歌剧舞剧院艺术顾问,主要做检查节目、提意见、修改剧本等工作。他帮助改写的剧本有《草原之歌》《刘胡兰》《望夫云》等,对影片《甲午风云》《狼牙山五壮士》等提出过意见和建议。

为什么选择歌剧院这个单位,他曾痛心地说过:"我一心只想搞出几部高质量、高水平的民族歌剧,但因种种原因,未能实现,实在遗憾!"

1955年　四十九岁

冬,参加中国音乐歌剧考察团赴苏联考察歌剧。塞克在走访音乐

---

① 见王淑华在《王卓声乐作品选》出版座谈会上的发言。

院、芭蕾舞团和歌剧院的过程中,都提出了一个同样的问题:如何创造现代剧目?但都未能得到回答,"因为在他们的思想中,完全没有这回事……总的印象,像是在历史博物馆里看了一次展览。特别成问题的是大剧院的演员,每天泡在古典历史剧里,怎么能演现代生活,表现今天的苏联人民?而我们的任务,是解决怎样用歌剧这个艺术形式,能很好地表现社会主义的新中国"[①]。

1956年　五十岁

为首都人民英雄纪念碑落成作长诗《烈士颂》,发表于1958年《人民文学》第五期。

1959年　五十三岁

到密云县(今北京市密云区)参加密云水库工地劳动时,在西各庄写下三幕歌剧《九松山》。

1960年　五十四岁

7月22日至8月13日,参加中国文学艺术工作者第三次代表大会。

本年,中国音乐家协会举行1960年第四次新作品音乐会,会上演出了由塞克作词、吴祖强和杜鸣心作曲的大合唱《烈士颂》。

1962年　五十六岁

3月2日至26日,特邀参加文化部、剧协在广州召开的话剧、歌剧、儿童剧创作座谈会(即"广州会议")。

1964年　五十八岁

中央实验歌剧舞剧院分为中国歌剧舞剧院和中央歌剧舞剧院。塞克任中国歌剧舞剧院艺术顾问。对于分院问题,塞克持不同意见,他认为"这种组织形式是不利于反映现实题材的剧目,尤其对于培养适合演现代剧的新型演员来说,是极为不利,在方向上容易出偏差。这样做的结果,必然走到脱离政治、脱离现实的邪道路上去"[②]。

[①] 见塞克工作笔记。

[②] 见塞克工作笔记。

在此期间，对歌剧《洪湖赤卫队》、朝鲜舞剧《红旗》等提出中肯的意见和建议。

1965年　五十九岁

对重排歌剧《白毛女》发表了自己的意见，提出："歌剧应发挥出戏剧、音乐和诗的高度综合的艺术力量。"[①]

1966年　六十岁

"文化大革命"开始后，受到林彪、江青极左路线的迫害，被打成"资产阶级反动学术权威""黑帮反革命分子"……被批斗、扣薪强制劳动。

1970年　六十四岁

5月，到河北省蔚县西合营部队农场下放劳动。

7月27日，为纪念八一建军节，在田间劳动之余，创作歌词《"八一"赞歌》。

1972年　六十六岁

创作歌词《山歌唱给祖国人民听》（刘炽曲）。

年底，因患高血压，回北京治疗。

1976年　七十岁

春节期间，突患脑血管栓塞症，经过治疗，基本恢复正常。

"四人帮"被打倒后，得到彻底平反。

1977年　七十一岁

创作歌词《周总理，人民敬爱的周总理》。

对话剧《报童》提出建议，并主动赶到剧场观看演出。

1979年　七十三岁

10月30日至11月16日，参加中国文学艺术工作者第四次代表大会。

[①] 见塞克著《应该发挥歌剧艺术的特有威力》一文。

同期，与记者刘帼君谈《忆南国社的几次演出》，后发表于《戏剧论丛》1981年第二期。

本年，检查身体时，发现糖尿病，进行治疗。

1980年　七十四岁

3月6日，在《哈尔滨日报》上同时发表两篇文章：《我和冼星海》《哈尔滨忆旧》。

同期，在《东北现代文学史科》第一辑上发表回忆录《忆小友——剑啸》。

同年，创作歌词《松花江之歌》（王洛宾曲）。并对歌剧《贺龙之死》（晏甬编剧）提出中肯的意见和建议。

1981年　七十五岁

6月，到哈尔滨参加萧红七十诞辰学术讨论会，在开幕式讲话中提出："……致力于研究萧红的年轻朋友们，要在生活上下功夫。有的人对生活像过眼的云烟，一掠而过；有的人对生活，在思想上灵魂上会产生强烈的震动。只有在生活上出过汗的人，不懒惰的人，才能写出好的东西，只有这样才能认识萧红，懂得萧红，才能从她身上真正学到东西。没有这些，就不可能成为一个真正的作家。"

当月，在黑龙江省召开的歌词创作工作会议上，塞克讲授了歌词创作的原则与方法，同时指出，文艺作品不应以迎合社会上的低级趣味为创作原则，这与作品的民族化、大众化是截然不同的。文艺作品的作用是教育人民，引导人民向健康、光明的方面发展，这才是创作者的责任。

从哈尔滨回到北京后，糖尿病和脑血管栓塞症重新发作，住院治疗，从此失去生活自理能力。

6月22日，被聘为聂耳、冼星海学会顾问。

同年，为在株洲召开的全国歌词座谈会写了几句话："1939年春天，那时候在延安王家坪的梨树底下作第一次歌词报告，只是顺嘴随便说一说自己写歌词的一些体会。四十二年过去了，当时的理想，没想到今天竟成为现实，我非常高兴！在株洲召开的全国歌词座谈会，这是特别有意义的事，我预祝大会成功！

"写歌词最忌生硬，人民不熟悉的语言和倒韵，最好是常用天天说话，听起来又熟悉又亲切的词语，也要对汉字认真研究四声，做到这几点，写出来的歌词人民自然喜欢、爱听，感到亲切，演员唱起来也觉得自如顺口。希望写歌词的同志们多在这些方面下功夫，就会产生人民所喜爱的作品。"

1982年　七十六岁

12月12日，被聘为中国歌剧研究会顾问。

1986年　八十岁

7月，中国歌剧舞剧院全体成员在塞克八十寿辰，举行了庆祝活动。文化部领导、中国音协、中国剧协以及为塞克治疗、护理过的医生、护士都来为此祝词、题诗、作画。当时文化部部长王蒙闻讯后，也到会向坐在轮椅上的塞克表示衷心的祝贺。此时的塞克已经不能用语言来表达自己的感情。

1988年　八十二岁

新华社北京12月3日电　为我国文艺事业的发展做出重要贡献的诗人和话剧、电影表演艺术家塞克因病于11月18日8时20分在北京逝世。

塞克最后为祖国的医学事业奉献了他的遗体，12月3日，遗体在北京八宝山革命公墓火化。首都文艺界人士来到八宝山革命公墓礼堂，向这位老艺术家默默致哀。陈云、彭真、王震、李铁映、芮杏文、胡乔木、萧劲光、曹里怀、王蒙及文艺界阳翰笙、曹禺等人，中宣部、统战部、文化部、全国文联、作家协会、音乐家协会、电影家协会、戏剧家协会等二百余单位和个人送了花圈。

……在追悼会上的挽联摘录数副如下：

沉痛悼念塞克同志
　　音容宛在
　　韵留千古

塞克院长千古
南国塞北影剧诗词并呼唤
延河松江战友师生齐恸哭

东北文坛南国艺苑遍留跋涉者足迹
流民形象抗战歌声长存后来人心中

铿锵之声歌如火山岩浆喷涌
桀骜的骨人似青峰夕照殷红

寒凝大地热血研墨作歌诗，壮民族魂魄
日月长空衷肠蕴火励后劲，唱世纪春秋

　　　　　　　（载《人民日报》1988年12月4日）
　　　　　　　　　　（杨志和、陈莱莱整理）